Mit einem Zehn-Minuten-Programm trat »Der Tod« im Mai 2011 das erste Mal mit seiner Imagekampagne an die Öffentlichkeit. Noch im selben Jahr gewann er mit einem ähnlichen Auftritt die rbb FritzNacht der Talente, so dass er sich ermutigt sah, 2012 diese Form der Rufverbesserung auf ein abendfüllendes Programm auszuweiten. Auch dafür wurde der Wahlberliner mehrfach ausgezeichnet, unter anderem 2013 mit dem Jurypreis beim Großen Kleinkunstfestival der Wühlmäuse. Mittlerweile führt »Der Tod« seine Death Comedy Show im gesamten deutschsprachigen Raum auf, spielt in Konzerthallen, Theatern, aber auch immer wieder für Bestattungsunternehmen, Altenheime und sogar Hospiz-Stationen. Seit 2015 sammelt der Sensenmann für Kinderkrebshilfe, Alzheimer-Forschung und Sterbebegleitung. Er sieht dies als weiteren wichtigen Teil seiner Imagekampagne. Im selben Jahr erhielt »Der Tod« auch den Achterbahn-Kulturpreis.

Termine und Infos über den Autor: www.endlich-tod.de

Weitere Informationen, auch zu E-Book-Ausgaben, finden Sie bei www.fischerverlage.de

DER TOD

Mein Leben als Tod

DEATH COMEDY

FISCHER Taschenbuch

5. Auflage: August 2015

Erschienen bei FISCHER Taschenbuch
Frankfurt am Main, Mai 2014

© S. Fischer Verlag GmbH, Frankfurt am Main 2014
Satz: pagina GmbH, Tübingen
Druck und Bindung: CPI books GmbH, Leck
Printed in Germany
ISBN 978-3-596-19789-7

Inhaltsverzeichnis

Prolog

Meine Urgroßeltern sind Tod. Meine Oma ebenfalls. Genauso wie mein Vater.

So war es wenig überraschend, beinah schon zwangsläufig, dass auch ich eines Tages in die außergewöhnlichen Fußstapfen meiner Vorfahren treten musste – um der undankbaren Aufgabe nachzukommen, eines der gefürchtetsten Familienunternehmen aller Zeiten fortzuführen. Wie die meisten Menschenkinder wäre auch ich in meinen frühen Zukunftsträumen viel lieber Arzt oder Feuerwehrmann geworden, allerdings sind das beides keine Berufe, die man zu irgendeiner Epoche einem Sprössling meiner Sippe anvertraut hätte. Aber ich will nicht jammern; es ist ein krisensicherer Job, man macht was mit Menschen, kommt viel herum, und ja, man kann ab und zu sogar Spaß dabei haben. Ich weiß: Das mag den ein oder anderen irritieren. Tod *und* Spaß – hier scheinen Gegensätze aufeinanderzuprallen. Doch genau da liegt auch schon das grundsätzliche Problem meiner Arbeit. Am Schluss ist prinzipiell Schluss mit lustig. Dabei heißt es so schön: »Wer zuletzt lacht, lacht am besten.« Leider, und das liegt nun einmal in der tragischen Natur der Sache, konnte bisher niemand authentisch berichten, wie viel Wahres gerade am scheinbar ultimativen Ende in dieser kleinen Weisheit liegt. Doch was nützt die größte Mühe, die liebevollste Überraschung, die beste Absicht, wenn sie niemand kennt, vielmehr stattdessen stets das

Schlimmste befürchtet wird? Unwissenheit schürt Angst, das ist und war schon immer so.

Deshalb wird es höchste Zeit für einen Imagewechsel, eine öffentliche Richtigstellung, eine Enthüllung dieses düsteren Schleiers, der über mir und meinem Beruf liegt. Im Grunde meines Herzens bin ich nämlich kein schlechter Kerl. Und ja, verdammt, ich habe ein Herz. Ich bin auch manchmal traurig oder ungeduldig, aber noch viel lieber bin ich fröhlich und lache gern. Ist das verwerflich? Gut, ich gestehe: Ich singe gelegentlich Schlager schief mit, wenn ich sie im Radio höre. Das finde ich nüchtern betrachtet auch ziemlich schockierend. Aber jeder hat seine Macken.

Eine Volksweisheit behauptet: »Die Besten sterben immer zu früh.« Ganz ehrlich, fühlt man sich da nicht gekränkt, wenn man noch am Leben ist? Das würde doch im Umkehrschluss bedeuten, dass nur die größten Idioten auf dieser Seite zurückbleiben. Und wer will schon freiwillig zu denen gehören? Und dennoch hat Sterben einen verdammt negativen Ruf. Natürlich bin ich mir bewusst, dass es für die meisten eine recht ungewohnte und sicher auch erschreckende Situation darstellt, wenn man plötzlich zum Friedhof getragen wird, aber der Abholservice, nur das möchte ich zeigen, ist vollkommen anders als die meisten bisher vermuten. Serviceorientiert. Kundenfreundlich. Zielführend. Und lustig. Zumindest gibt er sich wirklich größte Mühe. Deshalb dieses Buch.

Endlich. Wie alles auf dieser Welt.

Um ein Lachen hinzuzaubern, wo bisher Angst und Schweigen herrschten. Ein Versuch. Mit Geschichten, die der Tod schreibt.

Und ein bisschen auch das Leben. Mein Leben.

Mein Leben als Tod.

Überführung 2.0

»Herr Jakobs, wir haben die Angelegenheit jetzt dreimal durchgekaut. Ich habe Ihnen sogar zwei Tage Verlängerung gewährt, damit Sie sich von Ihren Lieben verabschieden können. Wir müssen jetzt los. Also, Floß oder Tunnel?«

Nett zu sein erweist sich in meinem Beruf schwieriger als gedacht. Es ist jedes Mal dasselbe. Es bringt einfach nichts, wenn man ihnen zusätzliche Zeit schenkt. Danach fällt es den meisten bloß noch schwerer.

»Könnt ich nicht noch einen weiteren Tag ...?«, versucht es Werner Jakobs erwartungsgemäß erneut.

»Nein«, bleibe ich diesmal konsequent, »ich komm schon wegen den bisherigen Verzögerungen in Teufels Küche!«

Zum Glück ahnt der Mann nicht, dass besagte Küche auf der anderen Seite ein absolutes Kultrestaurant ist, das sich, anders als es das Sprichwort vermuten lässt, besonders unter den Alteingesessenen großer Beliebtheit erfreut.

Mein Kunde scheint sich langsam mit seiner Situation abzufinden.

»Okay, ich sehe es ja ein. Sie waren bisher sehr geduldig mit mir.« Ich atme auf.

»Puh, sehr schön, dann hätten wir das geklärt. Bleibt noch die Frage: Floß oder Tunnel?«

Herr Jakobs lässt unsicher seinen Blick durch das Zimmer schweifen. Er hustet verlegen und sagt dann schließlich scheinbar vollkommen willkürlich: »Ich glaub, ich nehme den Tunnel.«

Ich frage mich ehrlich, was immer alle gegen das Floß haben. Die Wiedereinführung des Seewegs hat sich noch nicht wirklich bezahlt gemacht. Doch ich bin weiterhin der festen Überzeugung, dass dieses bei den aktuellen Strompreisen untragbare Licht am Ende des Tunnels einpacken kann, sobald sich erst einmal herumgesprochen hat, welche Vorteile auf dem Wasser seit der großen Neueröffnung warten. Wobei das mit dem Herumsprechen in meinem Job zugegebenermaßen immer so eine Sache ist. Dabei haben wir ordentlich aufgerüstet: spektakulär beleuchtete Fontänen, abenteuerliche Tauchkurse, gigantische Wasserfälle. Und obwohl man meist alleine reist, gibt es neuerdings sogar ein Pooldeck an Bord, bei dem man eine beliebige Liege per Handtuch für sich ganz persönlich reservieren kann. Doch all die wunderbaren Angebote bleiben viel zu oft ungenutzt, denn wer sein Leben stets im Tunnelblick verbracht hat, besteht in der Regel auch am Ende auf seinen alten Gewohnheiten.

»Denken Sie dran: einfach immer dem hellen Punkt entgegen!«, rattere ich meinen Standardtext herunter, »nichts anfassen, keine fremden Leute ansprechen. Wenn Sie durch sind, werden Sie von ein paar Verwandten abgeholt und in alles Weitere eingewiesen.«

»Aber nicht von Tante Erna!«, schreckt der alte Mann auf.

»Nein, keine Sorge, Tante Erna haben wir extra in die Uraufführung der Oper Casablanca geschickt.«

»Es gibt eine Oper von Casablanca?«

»Tja, Angebot und Nachfrage. Amadeus plant sogar schon das Musical.«

»Sie meinen doch nicht etwa den Amadeus?« Werner Jakobs wirkt auf einmal hellwach.

»Doch, doch, genau den. Verrückter Typ, kann ich Ihnen sagen.«

»Heißt das, ich werde Mozart kennenlernen?«

»Wenn Sie Ihre Abfahrt weiter hinauszögern, dann wird er bis dahin wahrscheinlich schon als Nachtigall wiedergeboren sein, und Sie verpassen diese einmalige Ge...«

»Na, worauf warten Sie denn?«, werde ich energisch unterbrochen, »ich bin doch schon längst bereit!«

Manchmal finde ich es regelrecht erschreckend, wie egal einigen Menschen plötzlich alles wird, wenn sie nur die Aussicht haben, irgendeinen Prominenten persönlich zu treffen. Auf der anderen Seite wimmelt es nur so von Berühmtheiten. Nach einem Kennenlernen verliert sich der Glanz jedoch erschreckend schnell.

»Haben Sie alle Erinnerungen dabei, die Sie mitnehmen wollen?«, frage ich vorschriftsmäßig. »Denken Sie daran: Es gibt kein Zurück.«

»Ich ... g-glaube ... schon«, stottert der Abreisende. »Ah, Moment ... nein ... puh, oh, beinah hätte ich den Geschmack von Mutters Käsekuchen vergessen. Dabei konnte ich den nie ausstehen. Komisch, oder?«

Immer wieder faszinierend, was für ein überflüssiger Gedankenmüll bei der Überführung eingepackt wird. Aber der Kunde ist König, ich hab es selbst so gewollt.

»Okay ... ›aromatische Erinnerung an heimischen Käsekuchen‹, habe ich notiert. Wird in den kommenden Tagen nachgeliefert, Sie haben sogar ein zweiwöchiges Rückgaberecht.«

»Oh, wie praktisch.«

»Und nun lehnen Sie sich einfach mal zurück und kommen ein wenig runter. Alles wird gut, Herr Jakobs. Wir verlassen den Körper in 3, 2, 1 und ...«

»Moment! Stopp! Ich ...« Ich seufze.

»Was ist denn nun schon wieder?«

»Äh, ich ... ich glaube, ich möchte doch lieber das Floß. Nicht den Tunnel.« Ein Lächeln zaubert sich unter meine Kutte.

»Also doch das Floß, nicht den Tunnel. Verstanden, wird umgebucht. Kein Problem.«

Na also. Es wäre doch gelacht, wenn wir Charons Geschäft nicht wieder in Schwung bringen würden.

»Aber ... aber, oje, ich kann doch gar nicht schwimmen! Wenn ich nun ins Wasser falle ...«

»Falls Sie es noch nicht realisiert haben«, versuche ich ihn zu beruhigen, »ums Ertrinken müssen Sie sich in Zukunft überhaupt keine Gedanken mehr machen. Und jetzt verdammt noch mal: Entspannen Sie sich gefälligst!«

Pflichtbewusst lässt sich Werner Jakobs auf sein Bett zurückfallen. Mein innerer Autopilot stellt sich ein. Puls drosseln. Atmung einstellen. Körperwärme herunterfahren. Inzwischen alles Routine. Was war ich beim ersten Mal noch nervös. Im Nachhinein ziemlich überflüssig, denn selbst wenn etwas schiefgehen sollte: Im schlimmsten Fall überlebt der Patient eben. Da gibt es definitiv Berufe, die mit mehr Verantwortung und schlimmeren Konsequenzen klarkommen müssen.

»Und der Herzschlag stoppt in 3, 2, 1, jetzt.«

Sekunden der Ruhe fliegen durch das große, aber gemütliche Schlafzimmer in der Schaperstraße 29. Die Gardinen plustern sich im warmen Sommerwind leicht auf, der, als wäre es geplant gewesen, genau in diesem Augenblick durch das gekippte Fenster fährt. Die Morgensonne scheint herein. Ich starte den Best-of-your-life-Rückschaufilm für Herrn Jakobs. Das wird ihn eine Weile beschäftigen. Währenddessen schreibe ich Charon eine WhatsApp-Nachricht, dass Kundschaft wartet und er geschwind das Floß in Position bringen muss. Hoffentlich frühstückt er nicht gerade in Teufels Küche.

»Oh, ich fliege«, stellt mein Kunde auf einmal neben mir erstaunt fest. Anscheinend waren die Höhepunkte seines Lebens eher ein Kurzfilm. »Bin ich das da unten?«

»Ihr Körper, ja«, antworte ich ehrlich.

»Es fühlt sich so schön an. Bleibt das so?«

»Warten Sie ab, es wird noch viel besser.« Ich schalte den Welcome-Bonus für Glücksgefühle frei.

»Juhu«, jauchzt der alte Mann neben mir auf. »Ehrlich, das hätte ich nie für möglich gehalten. Ich muss gestehen, ich hatte ein völlig falsches Bild von Ihrer Arbeit.«

»Das haben die meisten. Ich kämpfe da mit einigen ... nennen wir es Altlasten. Aber ob Sie's glauben oder nicht, unser Unternehmen arbeitet gerade intensiv an einer besseren Außendarstellung.«

»Das sollten Sie auch, ganz ehrlich, guter Mann. Wenn Sie eine Empfehlung oder einen Erfahrungsbericht brauchen...«

»... dann komm ich auf Sie zurück, versprochen. Und jetzt genießen Sie Ihre Reise, Herr Jakobs.«

Manchmal ist es wirklich deprimierend. Da hebt man den gesamten Service des Betriebs auf ein nie dagewesenes Niveau, und im Diesseits kriegt es einfach keiner mit. Ich habe sogar schon ein paar Leute zurückgeschickt, damit sie von ihren positiven Erfahrungen beim Sterben berichten können. Aber dann kommt wieder so ein allwissender Arzt um die Ecke und erklärt, das habe wissenschaftlich erwiesen alles bloß was mit den Endorphinen zu tun, die der Körper beim Sterben ausschüttet, alles positiv Erlebte würde demnach zum Großteil nur auf Einbildung beruhen, und zack glaubt wieder jeder, was er will. Den Wahrheitsgehalt einer glücklichen Nahtoderfahrung ordnet die Öffentlichkeit inzwischen irgendwo zwischen Ufo-Sichtungen und politischen Wahlversprechen ein. Ich habe aufgehört, mich darüber zu ärgern, und vermute schon länger, dass Ärzte eher aus wirtschaftlichen Gründen darum bemüht sind, dass die Menschheit ihre Angst vor mir behält. Vielleicht sollte ich mal einen Enthüllungsfilm drehen. Aber bitte nicht wieder mit Brad Pitt in der Hauptrolle. Dann sind die meisten am Ende bloß enttäuscht, wenn schließlich doch nur meine Wenigkeit vor der Tür steht.

»Der Ausblick ist beeindruckend«, reißt mich mein begeisterter Begleiter aus den Gedanken.

»Ja, ich finde es auch jedes Mal wieder aufregend«, ergebe ich mich dem üblichen Smalltalk. »Wir schweben jetzt übrigens eine Weile. Darf ich Ihnen was anbieten, Herr Jakobs?«

»Zu freundlich, Herr Tod. Sagen Sie doch bitte Werner zu mir. Haben Sie vielleicht Tomatensaft?«

»Jede Menge, Werner, das bevorzugte Getränk unserer Kunden.«

»Oh ja, nur Fliegen ist schöner ... Sagen Sie, riecht es hier eigentlich nach Vanille?«

»Das haben Sie gut erkannt. Sehr aufmerksam, ein neues Parfüm von mir. Wie finden Sie es?«

»Gewöhnungsbedürftig. Aber Sie duften besser, als ich es mir beim Tod vorgestellt habe.«

»Sehen Sie, genau das war Sinn und Zweck.« Eine Durchsage ertönt.

»Aufgrund einer defekten Leichenstellung kommt es zu einem ungeplanten Halt auf unserer Strecke. Unsere Weiterfahrt zum Jordan Tiefbahnhof verzögert sich auf unbestimmte Zeit. Wir versuchen jedoch, durch ausgiebige Rauch- und Trinkarbeiten alle geplanten Sterbedaten rechtzeitig zu erreichen. Wir bitten Sie, diese Unannehmlichkeiten zu entschuldigen, und hoffen, Sie beehren uns nie wieder.« Herr Jakobs zuckt mit den Schultern.

»Soweit ich das korrekt verstanden habe, Herr Tod, brauche ich mich um Zeit eh nicht mehr zu kümmern, oder?«

Ich muss schmunzeln. Da hat jemand aber schnell gelernt. Vielleicht ist die Menschheit doch kein ganz so hoffnungsloser Fall, wie mein alter Gevatter immer zu sagen pflegte. Ich sollte ihr eine Chance geben. Wenn sie mir denn auch eine gibt.

Kundenrezension

»Besser geht's nicht! Ich war ja anfangs durchaus skeptisch, es war schließlich meine erste Überführung, aber bereits nach wenigen Sekunden haben mich Freundlichkeit und die fachliche Kompetenz des zuständigen Mitarbeiters restlos überzeugt. Zwar war der Rückschaufilm recht knapp gehalten (*Anm. der Redaktion: Dieser Service erhebt keinen Anspruch auf*

Vollständigkeit und wird gerade überarbeitet.), aber der Gesamteindruck war ohne Zweifel sehr gut. Wer glaubt, dass er schon alles gesehen hat, der wird vom Tod nicht enttäuscht werden. Ich bin überzeugt, dass dieses wirklich einmalige Erlebnis absolut jeden vom Hocker haut.

Hätte ich die Gelegenheit dazu, würde ich den Tod auf jeden Fall noch einmal buchen wollen, und wenn es mir irgendwie möglich wäre, würde ich diese Dienstleistung selbstverständlich an Freunde, Familie und Verwandte empfehlen. Ich gebe 10 von 10 Knochen. Weiter so!

Mit besten Grüßen,
Werner Jakobs«

13 User haben diesen Beitrag kommentiert

Tim G. schrieb:
Ganz ehrlich, früher, als der Tod noch ein Geheimtipp war, war er viel (!!!) besser. Inzwischen ist Sterben doch nur noch Mainstream und Kommerz. Extrem uncool.

Froschkönig19 schrieb:
Eindeutig Fake! Das ist niemals der echte Tod. Wer darauf reinfällt, ist selber schuld.

prinzessin_dollar schrieb:
Voll alt. Tod und Sterben. Das ist so letztes Jahrtausend. Schon x-mal gehört. Weiß doch inzwischen jeder. Kommt da endlich mal was Neues?

Boris Bum-Bum Bobbele B. schrieb:
Ein Tod, der nach Vanille riecht, den kann doch keiner ernst nehmen. Unglaublich, wie schnell manche ihre großen Namen zerstören. Nur noch peinlich.

Ksfnjsdhjhv schrieb:
Ich weiß aus sicherer Quelle: Dieser ganze Mist mit dem Lebensende ist bloß eine Erfindung der amerikanischen Geheimdienste, die damit Größeres vertuschen wollen. Lasst euch nicht täuschen. Lebt weiter!
#NSA #Kennedy #Prisma #area51 #9/11 #elvis

Der Insider schrieb:
Ich kannte mal einen, dessen Freundin meinte hinterher, der Tod wäre überhaupt nicht sooo toll gewesen, wie immer alle sagen.

DreamboyBlue schrieb:
Never 10 von 10 Knochen. Höchstens 9!!!!!

Luci666 schrieb:
Also ich mag den Tod. ;-)

the hunter @ Luci666 schrieb:
du hast keinen plan von der materie. dieser tod klingt für mich nach seichter überführung ohne niveau. heutzutage gibt es echt bessere wege, um aus dem leben zu scheiden. guck mal bei youtube!

Mandy schrieb:
LOL
was ne Diskussion hier
mitdenaugenroll
ihr seid endpeinlich
yolo, man

Prof. Dr. Dietrich Körner schrieb:
Der Schreiber hat sich durch die kritiklose Darstellung des Vorgangs irreversibel als unfähiger Schwätzer entlarvt, ein prinzipienloser Selbstdarsteller, dessen wahre Absichten im Halbdunkel bleiben. Für mich und jeden Geist mit gesundem Menschenverstand muss nach diesem mehr als lückenhaften Bericht feststehen: Ein Rücktritt des Todes ist inzwischen unausweichlich.

Hier kommt Kurt schrieb:
Klingt doch richtig gut, wenn noch Plätze frei sind, bin ich mit meiner Frau dabei. Gibt's Frühbucher-Rabatt?

Brainfaktor3000 schrieb:
EPIC FAIL!
Sterben ist so old school.
Wie kann man da heutzutage noch ernsthaft mitmachen????

Die jungen Jahre

Die Tod GmbH

Ich sitze teilnahmslos an meinem Arbeitsplatz und tippe gedankenverloren die Sterbedaten der letzten Woche in eine Exceltabelle auf meinem Rechner. Tiptap tiptap. Mit mir arbeiten allein in diesem Tiefgeschoss weitere 300 Mitarbeiter in einem gigantischen Großraumbüro, dessen Ausmaß die Vermutung nahelegt, die halbe Stadt müsste für die Tod GmbH unterkellert worden sein. Eigentlich ist eine Kleinstadt im östlichen Brandenburg der perfekte Ort für ein Unternehmen, das jede größere Aufmerksamkeit vermeiden möchte. Über uns soll es gerüchteweise zwar noch bewohnte Etagen und belebte Häuser geben, aber größtenteils: Totenstille, Straßen wie ausgestorben, eine Gegend, wo der Hund begraben liegt. Prinzipiell also eine Toplage. Doch während andere Sensenjungs in meinem Alter schon längst ihre ersten Erfahrungen mit dem Leben und der großen weiten Welt gemacht haben, hänge ich in diesem verschlafenen Nest kurz vor Berlin am Schreibtisch fest, weil mein Gevatter darauf besteht, dass ich erst meinen Abschluss zum *Master of Death* bei ihm in der Firma mache.

Ich stöhne. Sterben ist einfach nicht mein Ding und erst recht nicht diese ganze, damit verbundene Bürokratie. Wahrscheinlich eine Folge davon, dass wir unseren Firmensitz schon vor einer halben Ewigkeit nach Deutschland verlegt haben.

Für jedes einzelne Sensenschwingen muss mittlerweile irgendein Formular ausgefüllt und abgeheftet werden, Reisekosten werden nur noch abgerechnet, wenn sie auch ordentlich per Quittung belegt werden können, und zu allem Überfluss finden auch noch tagtäglich unzählige, superwichtige Meetings statt, die in erster Linie vor allem dem Erfinden von neuen Formularen und Paragraphen dienen, die wiederum erst von der Rechtsabteilung überprüft werden müssen und in den meisten Fällen abgelehnt werden, weil sie schließlich gegen irgendeine andere, bereits bestehende Regel verstoßen. Kein Wunder also, dass in der Folge die Menschheit immer älter wird, denn die eigentliche Arbeit kommt, wie so häufig, unter solchen Voraussetzungen viel zu kurz.

Ich schaue gähnend zu den anderen Mitarbeitern. Die meisten telefonieren und versuchen unter dem Vorwand einer ominösen Umfrage oder eines angeblichen Gewinnspiels, so viele persönliche Daten den Anrufern zu entlocken, dass der Zentralcomputer ihr voraussichtliches Sterbedatum errechnen kann. Eine in den neunziger Jahren entwickelte und überaus bewährte Methode. Gerade versucht sich der mir gegenüber sitzende Jan Fritschmann an einem potentiellen Kunden.

»Ah, hallo, Herr Kleinschmidt, schön, dass ich Sie erreiche. Fritschmann, mein Name. Ich melde mich im Auftrag der Firma Call By Death. Es geht um Ihren Telefonanschluss. Sie haben doch einen, oder?«

Selbstverständlich besitzt Herr Kleinschmidt solch einen Anschluss, sonst könnten wir gar nicht bei ihm auf dem Festnetz anrufen. Aber bei diesen Gesprächen, das begriff ich recht schnell, ging es nie um Logik, sondern nur um reine Informationsbeschaffung. Alles kann dabei von Bedeutung sein: Alter,

Atemgeschwindigkeit, Reaktion auf Stress oder ungewohnte Situationen, Raucherhusten, Wohnort, sogar der Beziehungsstatus. Erst dadurch gelang es uns, das in vielen Religionen verbreitete Gerücht aus dem Weg zu räumen, Verheiratete würden länger leben. Richtig ist: Es kommt den Ehepartnern in den meisten Fällen einfach nur sehr viel länger vor.

»Bei unserer unverbindlichen Kostenkontrolle haben wir herausgefunden, dass Sie viel zu viel bezahlen beim Telefonieren. Herr Kleinschmidt, haben Sie das gewusst?« Nein, hat er natürlich nicht, ist ja auch gelogen. Aber auf diese Weise kommen wir meist an die Kontodaten der Menschen und können so auch ihr Konsumverhalten und ihren Lebensstandard in die Berechnung einfließen lassen. Nebenbei verkaufen wir auch noch ein paar völlig überteuerte Telefonverträge – aber gut, von irgendetwas muss schließlich auch der Tod leben.

Tiptap tiptap. Der ganze Raum ist erfüllt von Tastaturgeklapper und durcheinanderplappernden Stimmen. Wie immer, wenn ich mich eine gewisse Zeit mitten in dieser wabernden Geräuschkulisse befinde, ergreift mich über kurz oder lang eine bleierne Müdigkeit.

»Nicht einschlafen, junger Tod«, tadelt mich die vertraute Stimme Charons. Ich schrecke schuldbewusst hoch, obwohl ich mir eigentlich recht sicher bin, ausnahmsweise mal nicht weggedöst zu sein. Hinter mir steht wie erwartet der Personalleiter und engste Vertraute meines Gevatters.

»Das ist so endlangweilig hier, Charon«, klage ich ihm direkt mein Leid. »Bitte sag mir, dass das Ganze irgendwann noch spannender wird, ich halte das sonst nicht bis zur Rente durch.« Der Aufseher tätschelt väterlich meine Kutte. So richtig scheint mich in diesem Betrieb keiner ernst zu nehmen.

Als Sohn vom Chef sind zwar alle ziemlich nett zu mir, aber im Kopf der Mitarbeiter bin und bleibe ich meistens nur der *kleine* Tod.

»Du bist jetzt seit einer Woche hier im Betrieb, mein Junge, im Vergleich zur stattlichen Geschichte dieses Unternehmens ist das eine geradezu lächerliche Zeitspanne.«

»Und im Vergleich zu meinen bisher wenigen Jahren, die ich auf dieser Welt bin, ist eine Woche ein unglaubliches Ausmaß an vertrödelter Zeit.«

»Hach, die Ungeduld der Jugend. Aber keine Sorge, du sollst nicht ewig herumsitzen, nur solltest du in jede Abteilung des Betriebes einen Einblick bekommen. Schließlich willst du den Laden ja bald selbst leiten.« Von *wollen* kann überhaupt gar keine Rede sein, denke ich trotzig, mich hat nie jemand nach meinen Wünschen gefragt. Ich würde mich sogar lieber zur Hebamme umschulen lassen, als weiter sinnbefreit Karteileichen zu archivieren, die sich wahrscheinlich eh nie wieder jemand anschauen wird.

»Früher war es noch viel aufwendiger«, erklärt Charon direkt, als hätte er meine Gedanken erraten, »so ohne Computer und Festplatten. Da mussten wir Tonnen von Papier aufbewahren und immer wieder den gesamten Bestand neu abschreiben, weil das Zeug in Rekordzeit vor unseren Augen zerfiel. Endlichkeit ist manchmal wirklich anstrengend.«

»Dann schaffen wir sie eben ab«, wende ich direkt ein. Fassungslos schüttelt Charon den Kopf.

»Kleiner Tod, kleiner Tod, du musst noch einiges lernen.« Himmel, wie ich diesen Satz liebe. Was soll ich denn hier lernen, verdammt? Wie man sogar, ohne zu sterben, zur seelenlosen Mumie werden kann, einfach nur indem man tagtäglich stupide Büroarbeit verrichtet? So was lehrt das Leben zur Genüge, da sollte der Tod die Knochen von lassen.

»Naja gut, vielleicht nicht abschaffen«, lenke ich ein, »weiß schon: Evolution, Fortschritt, blablablubb, aber warum lassen wir nicht alle Lebewesen einfach 200 Jahre alt werden? Schwups, haben wir die Arbeit auf einen Schlag halbiert.« Ich blicke meinen Vorgesetzten erwartungsfroh an. Anfangs habe ich mich ein wenig vor dem spargeldürren Zwei-Meter-Mann mit den tiefliegenden Augen gefürchtet, aber mittlerweile weiß ich, dass Charon eigentlich die gute Seele des Hauses ist, auch wenn man es ihm weiß Gott nicht ansieht. Unter seiner bleichen Haut zeichnen sich die einzelnen Knochen so genau ab, dass man vermuten könnte, Blut, Sehnen und die Hälfte aller Innereien wären bei dem guten Mann aus Versehen einfach vergessen worden. Seine einzigen beiden verbliebenen, schlohweißen Haarsträhnen sind stets streng über die Glatze gekämmt, als wäre er ernsthaft der Meinung, damit irgendwie den beinah vollständigen Haarschwund verbergen zu können. Im Betrieb nennt man ihn deshalb hinter vorgehaltener Sense auch nur den »Zweisträhnigen«.

Charon zieht sich einen Stuhl an meinen Arbeitsplatz und legt seine knochige Hand auf meine Schulter.

»Hast du schon mal einen hundertjährigen Menschen gesehen? Weißt du wie so einer aussieht?« Ich versuche, meine mangelnde Erfahrung mit kindlicher Frechheit zu kompensieren.

»Bestimmt so wie du!« Charon lacht herzlich.

»Naja, fast. Merk dir, unser Unternehmen lässt die Leute nicht altern, das tun sie seit Anbeginn der Zeit von ganz allein. Wir holen sie lediglich ab, bevor sie es selbst nicht mehr ertragen können.« Auch wenn ich es nicht leiden kann, wenn mir andere erklären wollen, wie das Leben funktioniert, so spüre ich bei Charon immer eine gewisse Faszination, die mein Rückgrat kribbeln lässt, wenn er anfängt zu erzählen.

»Dann sind wir also eigentlich ziemlich gut, oder?«

»Natürlich, Kleiner, natürlich sind wir das. Würden wir weitere 100 Jahre warten, müssten die Menschen Qualen leiden, denn ihre Physis ist für ein so hohes Alter überhaupt nicht geschaffen worden. Ihre Sinne lassen nach, die Organe fallen aus, ihr Körper baut langsam aber unaufhaltsam ab. Kein schöner Anblick, schau mich an. Und doch tragen die meisten den Wunsch im Herzen, ewig leben zu können, einfach nur weil jeder im Geheimen das am meisten ersehnt, was er nie bekommen kann, selbst wenn es in der Realität zum reinsten Grauen mutiert.« Ein trauriger Blick huscht über das faltige Gesicht des Aufsehers. Seine Augen scheinen einen kurzen Augenblick durch mich hindurchzuschauen, als würden sie dort etwas zu sehen bekommen, was wie die Sehnsucht der Menschen nach dem ewigen Leben in diesem Moment ganz für ihn allein in unerreichbare Ferne rückt.

»Charon? Alles in Ordnung?«, frage ich besorgt.

»Was? Ach so, ja, natürlich. Merke dir eins, junger Tod, das erleichtert dir später dein eigenes Gemüt: Du erfüllst keine Wünsche, aber du führst auch keine Kriege, du entwickelst keine Krankheiten, du baust keine Unfälle, und du ermordest niemanden. Du bist nicht für die Taten der Menschen verantwortlich, und du bist nicht Mutter Natur. Du bist schlicht und einfach nur der Tod.«

»Einfach nur der Tod«, wiederhole ich bereitwillig, »ich versuch's mir zu merken.«

»Ach, und fast hätte ich es vergessen. Du sollst dringend in Etage zwei aushelfen, die brauchen Verstärkung.« Dabei grinst er so schelmisch, dass ich einen kurzen Moment überlege, ob mich dort oben nicht einfach nur noch monotonere Archivarbeit erwartet. Bevor ich jedoch fragen kann, ist Charon bereits wieder hinter dem Ozean der Schreibtische verschwunden. Ich schaue ihm und seinen belebenden Erzählungen sehnsüchtig hinterher, während das Geräuschmeer des Büros zu einem Wellenrauschen verschwimmt und mich gnadenlos zurück in die banale Realität an meinen Arbeitsplatz spült. Die penetrante Stimme von Jan Fritschmann dringt unaufhaltsam in mein Bewusstsein.

»Herr Kleinschmidt, aber natürlich sollen Sie das Ganze erst mit Ihrer Frau besprechen. Ist Sie zufällig da? Na, dann geben Sie mir sie doch gleich mal. Ich sag Ihnen: Dieser Telefon-Vertrag wird Ihrer beider Leben verändern.«

Ich habe genug. Geschwind schließe ich die geöffnete Tabelle auf meinem Computer, ignoriere die automatische Aufforderung zum Speichern der Datei und besinne mich auf einen Leitsatz der Firma: »Wenn du die Chance auf ein Ende hast, dann nutze sie.« Nichts lieber als das. Der einzige Vorteil an der Arbeit in einem kellerartigen Callcenter ist: Wenn man es verlässt, dann weiß man, egal was nun auch kommen mag, tiefer sinken ist unmöglich, es kann nur noch nach oben gehen. Voller Tatendrang springe ich von meinem Arbeitsplatz auf, stolpere wie zufällig über das dahinterliegende Kabel und sehe im Augenwinkel, wie sich Jan Fritschmanns Augen vor Entsetzen weiten, als sein Computerbildschirm erlischt und seine Verbindung unverhofft vorzeitig abbricht. »Upsi«, sage ich bloß und mache mich schnell aus dem Staub. Überall in der Abteilung flammt Panik auf, denn anscheinend sind die Leitungen auf der gesamten Etage tot. Unschuldig pfeifend mache ich mich auf den Weg zum Fahrstuhl. Von wegen kleiner Tod! Das ganze Stockwerk ist erledigt. Mein Gevatter wäre stolz auf mich.

Auf die Knochen blamiert

Mit einem hellem Pling öffnet sich die Tür des Fahrstuhls, und ich werde im Treppenhaus ausgespuckt. Allein, wie immer. Irgendwie versuchen sämtliche Mitarbeiter, möglichst nicht mit mir gemeinsam im Aufzug zu fahren. Sie nehmen zur Not sogar die Treppe, obwohl dort im Vergleich zum Liftfahren rein statistisch gesehen weit mehr Menschen verunglücken, indem sie stolpernd die Stufen hinunterfallen. Doch ich wische die deprimierenden Gedanken beiseite und wende mich meinem frisch erhaltenen Auftrag zu.

Zweiter Stock hat Charon gesagt. So weit oben bin ich bisher noch nie eingesetzt worden. Im Hausflur riecht es nach Desinfektionsmittel und alten Kompostabfällen. Ich bin begeistert: Anfang und Ende in einem – eine wirklich gelungene Duft-Kombination. Mutig trete ich vor die einzige Tür auf dieser Etage, zupfe meine Kutte zurecht und betätige voll Vorfreude die Klingel.

Dingdong.

In solchen Momenten fliegen mir immer die wirrsten Gedanken durch den Schädel. Schließlich ist das genau die Situation, wie ich sie später nach Abschluss meiner Ausbildung tagtäglich erleben werde.

Wer öffnet gleich die Tür? Hoffentlich ist die Person nett.

Soll ich winken oder souverän lässig auftreten?

Sitzt meine Kapuze korrekt?

Steh ich richtig?

Ist die Kutte sauber?

Brauch ich Nebel?

Ist die Sense geputzt?

Auf die simpelsten und gleichzeitig wichtigsten Dinge kommt man meist erst hinterher.

Mit einem leisen Knarren öffnet sich die Tür, und ein älterer Herr mit Nickelbrille schaut missmutig durch den Spalt auf mich herab. Ich sterbe vor Aufregung fast tausend Leben, versuche aber, mir nichts anmerken zu lassen und stattdessen wie im Hausbesuchstraining gelernt tief durchzuatmen.

»Halloooo«, beginne ich ganz unverfänglich, »ich bin's, der Neue. Ich soll hier anfangen.« Das runzelige Gesicht des Brillenträgers hellt sich schlagartig auf.

»Erna«, ruft er über seine Schulter in die Wohnung, »Erna, ich glaub, die vom Pflegedienst haben endlich reagiert«, und ergänzt zu mir gewandt: »Hereinspaziert, wie schön, wir haben schon dringend auf Sie gewartet.« Ich stolpere, ein wenig überfordert, in einen langen Flur, dessen Wände mit vielen Bildern geschmückt sind, die hauptsächlich eine erstaunlich korpulente, ergraute Dame zeigen.

»Sie kommen genau richtig«, fährt das dünne Männchen fort, »Sie können sich vorstellen, dass gerade jetzt, während Ernas Magen-Darm-Infekt, die Inkontinenz wahrlich kein Segen ist und ich für jede Hilfe bei der Körperhygiene dankbar bin.« Ich verstehe nur Bahnhof, freue mich aber extrem über die herzliche Aufnahme und das anscheinend hervorragende Arbeitsklima auf dieser Station.

Nun habe ich bereits in den unteren Abteilungen gerüchteweise davon gehört, dass Tod an und für sich ein ziemlich beschissener Beruf sein soll, man sich am Anfang erst einmal an die Arbeit gewöhnen muss und sich auch später immer irgendwie dreckig danach fühlen würde. Aber so, nein, so habe ich mir den Job eines Sensenmannes gewiss nicht vorgestellt. Wieso hat mich Charon nicht besser darauf vorbereitet? Nicht, dass ich die Wahl gehabt habe, aber ich hätte mich zumindest mit ein bisschen Übung nicht ganz so tollpatschig angestellt.

Als ich nach zwei arbeitsintensiven Stunden die Wohnung wieder verlasse, Erna mir noch ein freudiges »bis morgen« hinterherruft, während sich der Nickelbrillenmann, der sich als »Heinz« und Ehemann der bettlägerigen Frau herausstellte, zum Abschied mehrmals ausdrücklich für meine tatkräftige Unterstützung bedankt, da habe ich aber auch irgendwie das Gefühl, etwas Gutes getan zu haben. Und welcher Tod kann das schon nach seiner ersten richtigen Schicht von sich behaupten? Ich bin ziemlich erleichtert. Und langweilig war es weiß Gott nicht. Erna und Heinz erwiesen sich als redselige Gesprächspartner. Meine Zufriedenheit bekommt jedoch leichte Risse, als ich im Treppenhaus beim Hinuntergehen bemerke, dass in der nächsten Etage das Schild »Oberste Abteilung der Tod GmbH« an der Tür prangt, und es mir langsam, aber sicher dämmert, dass ich mit dem Fahrstuhl vorhin irgendwie im falschen Stockwerk gelandet sein muss. Dabei scheine ich zufällig den sagenumwobenen, bewohnten Bereich gefunden zu haben. Das ist in Ostbrandenburg wie die Entdeckung der berühmten Nadel im Heuhaufen. Keine Frage: In mir schlummert das Talent, Leben aufzuspüren.

Wie sich später herausstellt, hat mir Charon mit purer Absicht die falsche Nummer genannt, denn nur wer Fehler mache, so seine Begründung, könne daraus lernen. Und so schreibe ich an diesem Abend die erste und wichtigste Regel eines jeden Todes zum Vermeiden von Missverständnissen in mein Tagebuch.

Regel 1: Vor einem jedem Auftrag gilt: Kontrollier das Klingelschild!

Aus dem Tagebuch des kleinen Todes 1

Regel 14: Was du heute kannst entsorgen, das verschiebe nicht auf morgen!

Liebes Tagebuch,

heute war es endlich so weit: meine erste richtige Überführung. Mein Gevatter hatte sich extra frei genommen. Himmel, war ich aufgeregt. Heute würde ich das blühende Leben kennenlernen. Ich dachte, wir könnten Freunde werden. Um es kurz zu machen: das Leben und ich, ganz ehrlich, ich glaube, das wird nix.

Das Ding hat Angst vor mir wie ein Schneemann vorm Frühling. Als wir vor der Tür standen, hat es geguckt, als wären wir von der Steuerfahndung. Wirklich, ich war ziemlich enttäuscht. Keine Vorfreude, kein gemütlicher Plausch, keine Einladung auf 'ne Cola. Nicht mal hereingebeten wurden wir! Als ich dann aber gesehen habe, wie sich mein Gevatter aufgeführt hat, da konnte ich es im Nachhinein fast verstehen.

Extrem schade, ich hatte mir in meinem Schädel alles so schön zurecht gelegt. Wie ich zu dem Menschenweibchen hingehe, ihr beruhigend die Hand auf die Schultern lege und sage: »Keine Sorge, auf der anderen Seite ist es auch ziemlich schön. Schau mal, ich hab hier einen Katalog mit Bildchen. Die hab ich übrigens alle selber gemalt...« Und was macht mein Alter? Stürmt in die Wohnung, plustert sich mit seiner ungebügelten Flickenkutte vor der armen Frau auf wie ein Gockel im Revierkampf, richtet die Sense auf das zitternde Geschöpf und schreit: »Stiiiirb!« Du weißt schon, mit dieser gruselig dunklen Stimme, mit der er mir auch immer zu verstehen gibt, dass man als kleiner Tod im Dunkeln gefälligst keine Angst zu haben hat.

Ich war ziemlich geschockt und hab nur gemeint: »Alder, hackt's?« Die Frau hat mir dann auch sofort zugestimmt und gesagt, dass sie so einen Umgang rein pädagogisch gesehen echt nicht in Ordnung fände. Mein Gevatter entgegnete daraufhin nur voll beleidigt, wir hätten keine Ahnung von seiner Arbeit. »Ey, du hast keine Ahnung«, hab ich sofort gekontert. Er dann so »na wohl«, ich wieder »ja wohl überhaupt mal gar nicht«, er wieder »wohl«, und so ging das dann eine ganze Weile hin und her, bis sich die Frau auf einmal wieder einmischte und lautstark dazwischenwarf, ob das denn heute noch was werden würde, sie hätte nämlich auch durchaus noch andere Sachen zu tun und überhaupt fände sie unser ganzes Vorgehen extrem unprofessionell. Jetzt hab ich eine Woche Hausarrest und muss ganz ohne Abendtod ins Bett. Ich werde sterben vor Langeweile. Wer holt mich dann eigentlich?

Ich hasse mein Leben. Und den Tod hasse ich auch. So!

Gute Nacht,
Todi

»Kokolores«, behauptet Erna eisern, als ich erkläre, dass ihre Zeit nun leider, leider abgelaufen sei, »das ist doch viel zu früh.«

»Nein, nein«, beharre ich und halte ihr demonstrativ die kleine Sanduhr unter die Nase, »schau doch selbst.«

»Quatschikowski« erwidert sie sofort, »da sind noch ein paar Körner am Rieseln.«

»Netter Versuch, meine Liebe«, mischt sich nun Ernas Ehemann Heinz von der Seite ein, »aber ich sehe da auch absolut nix mehr rieseln. Vorbei ist vorbei, das sind die Regeln.«

»Ja, genau«, füge ich hinzu, »da kann ich gar nichts dafür, so sind nun mal die Regeln.« Erna wirft ihrem Mann einen bösen Blick zu.

»War ja klar, dass du mir ausgerechnet jetzt in den Rücken fällst.« Wie so oft kommt es in solchen Situationen zum Streit. Ich sitze mal wieder im zweiten Stock bei unserer bettlägerigen Nachbarin Erna und ihrem Mann, und wir spielen zu dritt eine Runde Tabu. Das ist nun wahrlich nicht die beste Personenanzahl für dieses Spiel, aber neben dem Einnässen ist es Ernas liebster Zeitvertreib. »Na gut«, gibt sie schließlich doch klein bei, »aber das Wort ›Elektroinstallateur‹ hättest du ruhig mal erraten können. Besser kann man das gar nicht erklären.« Heinz lässt den Vorwurf schulterzuckend an sich abprallen und läuft einmal um das Bett herum an meine Seite, denn ich bin nun mit Umschreiben eines Begriffes dran.

Tabu ist ein tolles Spiel für einen kleinen Tod. Auf keine andere Art kann ich so unverfänglich lernen, den Menschen behutsam beizubringen, dass irgendwann auch mal Schluss ist. Dass dann andere an der Reihe sind. Dass das Spiel aber trotzdem weitergeht und man nicht traurig sein muss, weil jeder eine neue Rolle zugewiesen bekommt. Alles ist ein Kreislauf, ohne Ende kein Anfang, ohne Regeln kein Spiel, ohne Freude kein Sinn. Die simpelsten Sachen sind meistens am schwersten zu vermitteln.

Weil mein Gevatter wenig Zeit für mich hat und oft im Außendienst durch die Weltgeschichte geistern muss – und oft ist in diesem Fall noch weit untertrieben –, fahre ich seit einiger Zeit in der Mittagspause mit dem Aufzug hoch in den zufällig entdeckten, bewohnten Bereich der Firma und schaue bei Erna und ihrem Mann Heinz vorbei. Sie haben sich zwar am Anfang ein wenig gewundert, dass der Pflegedienst nun plötzlich doppelt so häufig und in unterschiedlicher Besetzung kommt, aber gefreut haben sie sich trotzdem sehr. Inzwischen bin ich ein vorzüglicher Windelwechsler, und wir drei sind ein eingeschworener Tabu-Zirkel.

Ich ziehe eine Karte und muss grinsen. Natürlich steht auf meiner Karte das Wort Tod. Oh, Mann, da erlaubt sich da oben mal wieder einer einen blöden Scherz. Zum Erklären darf ich weder die Begriffe »sterben«, »Friedhof«, »umbringen« und »Trauer« noch das Wort »Ende« benutzen. Das ist ja einfach, denke ich mir, diese völlig ungeeigneten Worte hätte ich eh nicht verwendet. Heinz dreht die Sanduhr um und schaut mir kontrollierend über die Schulter.

»Aaaalso«, beginne ich, »er ist voll nett. Und hilfsbereit.«
Heinz sieht mich irritiert an.

»Ein Polizist, ein Polizist!«, ruft Erna sofort, ohne lange zu überlegen.

»Neee«, gebe ich zurück, »*nett* hab ich gesagt, *nett*! Pass auf: Er lacht gerne, mag Vanilleeis und kann sogar ein paar Lieder auf der Blockflöte spielen. Nicht gut, aber er gibt sich wirklich Mühe.«

»Äh?«, rät Erna unsicher weiter, »vielleicht der Rattenfänger von Hameln?«

»Tschuldigung«, wendet sich Heinz leise an mich, »bist du dir sicher, dass du die Karte richtig gelesen hast?«

»Na, logo«, erwidere ich fröhlich. »Mann, Erna, das ist so einfach! Rattenfänger ist falsch. – Okay, dann machen wir's halt ganz simpel. Er befindet sich in diesem Raum, und es ist nicht dein Mann.« Erna schaut sich eilig suchend von ihrem Bett aus im Zimmer um. Heinz guckt, als hätte ich vorgeschlagen, wir würden jetzt Windelweitwurf spielen, und tippt sich kopfschüttelnd an die Stirn.

»Steh etwa ICH auf der Karte?«, fragt Erna beinah euphorisch. »Gibt es eine Tabukarte mit meinem Namen? Eine Erna-Trochowski-Karte? Das wäre ja so ...«

»Neeee, wieder falsch«, zerstöre ich jede Hoffnung, doch treibe ich sie weiter an: »Los, einen Versuch hast du noch.«

»Also nicht Heinz und auch nicht ich, aber in diesem Raum ... mh ...« Ein wenig begriffsstutzig ist sie ja schon, die Gute, denke ich mir. »Etwa du?« Halleluja, schwere Geburt.

»Jaaa, richtig, 100 Punkte und die Waschmaschine. Was sagt die Sanduhr? Läuft. Schnell, nächster Begriff.« Doch Heinz erhebt plötzlich Einspruch, Zeigefinger und Stimme zugleich.

»Moment mal, auf deiner Karte steht als Begriff ›Der Tod‹.«

»Ja, und?«, frage ich verständnislos, »ich *bin* der Tod.« Die Augenbrauen meiner beiden Spielkameraden werden beinah synchron nach oben gezogen. Verwirrung, Ärger und aufkommende Angst liegen auf einmal in der Luft. »Naja, noch nicht so richtig, das stimmt«, versuche ich eilig zu erklären, »ich bin ja eher der Sohn vom Tod, wenn man das überhaupt so sagen kann. Aktuell fühlt es sich mehr nach Praktikant an. Aber schon bald übernehme ich den Job alleine. Echt jetzt. Ich bin praktisch noch in der Ausbildung ... Ja, klar, natürlich, ihr habt recht, damit wäre die Lösung nicht ganz korrekt. Aber hey, das war so verlockend, ich meine, wenn schon mal ausgerechnet *ich* diese Karte ziehe. Na los, kommt, ein halber Punkt ist das trotzdem, oder?«

Erna und Heinz blicken mich ungläubig und mit offenem Mund an. So verharren sie beide einige Sekunden, die mir wie eine Ewigkeit vorkommen, dann füllen sich auf einmal ihre Wangen mit Luft, und sie prusten gemeinsam los. Sie kugeln sich förmlich vor Lachen.

»Hey, was zum Teufel, was ist denn daran jetzt so witzig?«, wende ich halb protestierend, halb kichernd und angesteckt von der plötzlichen Fröhlichkeit ein.

»Der Sohn vom Tod ...«, frohlockt Heinz, »... arbeitet beim Pflegedienst und wechselt die Windeln meiner Frau.«

»Ich hab den Tod besiegt ... beim Tabuspielen«, ergänzt Erna, nach Luft schnappend.

»Meine Frau scheißt auf den Tod.« Wieder Gelächter, die beiden können gar nicht mehr aufhören. Ich gackere mit, auch wenn ich nicht wirklich weiß, warum.

Irgendwann beruhigen sich meine Gastgeber wieder, und wir spielen beschwingt die nächsten Runden. Wirklich drüber geredet haben wir nicht mehr, doch eines ist uns dreien seitdem klar: Der Tod sollte in Zukunft für alle ein Tabuthema sein, das an keinem heiteren Gesellschaftsabend fehlen darf.

Die Fabel von Leben und Tod

Und das Leben überflutete die Welt mit einer Vielfältigkeit, die Mutter Natur verzückte. Das Hinzufügen des Todes erwies sich als das lang vermisste, fehlende Teil, welches ihr Werk vollenden konnte und die Arbeit perfekt werden ließ. Pflanzen und Tiere eroberten in den unterschiedlichsten Variationen den Erdball, beständig strebend nach unerreichbarer Perfektion und mit einem Artenreichtum, der alle Erwartungen übertraf. Und so gab Mutter Natur ein Fest zu Ehren ihrer beiden Kinder Leben und Tod, um den ewigen Kreislauf zu preisen und ihre Schöpfungen zu feiern. Und von einer jeden Art kamen Gäste angereist, um den beiden Geschwistern zu huldigen und sich im Glanze der großen Mutter zu sonnen.

Das Leben jedoch war neben der Freude auch von Eifersucht erfüllt, denn als Erstgeborenes störte es sich daran, dass seinem Bruder Tod dieselbe Aufmerksamkeit und Zuneigung zuteil wurde wie ihm selbst. Als das Fest sich seinem Höhepunkt näherte, versprach Mutter Natur, als Zeichen der Anerkennung und Belohnung, beiden Kindern jeweils einen Wunsch zu erfüllen, egal wie dieser auch lauten möge. Der Tod begann und sprach: »Ich danke für jeden Auftrag, doch ist das Ausmaß meiner Arbeit inzwischen so gewaltig, dass ich nicht mehr imstande bin, mich an der Pracht eures Schaffens zu erfreuen. So erbitte ich ein Geschenk, das mich von der Rastlosigkeit meiner Aufgabe erlösen kann.«

Mutter Natur nickte zufrieden, und der Nebel der Zeit schwebte auf den Tod herab und flüsterte ihm die Worte zu, die alle Eile überflüssig machten und Ruhe versprachen.

Mit Argwohn folgte das Leben der Zeremonie und musste sich einge-

stehen, dass in der Bitte des Todes Weisheit und Weitsicht lagen. Zwar hätte es den Wunsch seines Bruders einfach wiederholen können, jedoch erschien es ihm nicht standesgemäß, dem Spätgeborenen so offen nachzueifern. Und so erbat es keinerlei zeitliche Entlastung, wie es sein Bruder zuvor getan hatte, sondern forderte Furcht, die jedes Lebewesen ergreifen sollte, wenn ihm das Leben entzogen wurde. Angst sollte die erfüllen, die seinem Bruder in Zukunft begegneten. Mutter Natur ahnte, welch fatale Folgen dieses Begehr nach sich ziehen würde, doch sie hatte ihr Wort gegeben, und so erfüllte sie auch diesen Wunsch. Voll Schrecken verließen urplötzlich die Gäste im Angesicht des Todes das große Fest, und Einsamkeit heftete sich an die Fersen des Zweitgeborenen.

Seit diesem Tage wird der Tod gefürchtet und verflucht, obwohl er Ruhe und Frieden versprechen kann, während dem Leben, von Zeitnot und Hektik getrieben, viel zu oft die Pausen fehlen, um all die Schönheit dieser Welt zu genießen.

<hr>

Märchen und Fabeln des Jenseits, Band VII, Autor Ludwig von Lichtaus, Seite 132 f., verwahrt in der Großen Himmelsbibliothek auf der anderen Seite, Wolke 7, Regal 82.

Katzenjammer

»Ich hab jetzt eine Katze.«

»Bitte was? Eine Katze?«, donnert mein Gevatter in seinem gewohnten Unwetterton. Schon die Woche davor war er schier ausgerastet, weil ich im IKEA-Katalog ein paar bunte Möbel für unser tristes Heim bestellt hatte. Dabei macht sich die blutrote

Couchgarnitur hervorragend auf dem giftgrünen Plüschteppich. Vorher wurde man ja schon vom Hinschauen depressiv. Klar geht das meinem alten Herrn am Steißbein vorbei, er ist ja auch die ganze Zeit unterwegs. Aber ich, ich muss in dieser Grotte schließlich leben.

»Ja, toll, oder?«, versuche ich die mangelnde Begeisterung des Gevatters zu ignorieren. »Die haben doch neun Leben. Das heißt: Selbst wenn sie mir mal runterfällt oder ich aus Versehen drauftrete ...«

»Wo ist sie?«, unterbricht mich Mister Spaßlosigkeit gereizt.

»Du kannst es wohl kaum erwarten, was?«, koste ich den Moment noch ein wenig aus und greife unter den Tisch. »Tatataaa! Ich präsentiere meine neue, beste Freundin: Mautzi!«

Fassungslos starrt Tod senior mich an.

»Willst du mich veralbern?«

»Maaaaaautz«, miaut es auf einmal.

»Oh nein, wie süß, oder?«, antworte ich bloß, »sie ist mir heute Morgen zugelaufen.«

Mehrmals lässt mein Gevatter seinen entgeisterten Blick zwischen mir und Mautzi hin- und herwandern. Schließlich schüttelt er den Schädel, wie er es so häufig tut, wenn wir einen Streit haben, und sagt leise, aber sehr bestimmt: »Kind. Das. Ist. Keine. Katze!«

»Oh, die Katze ist keine Katze? Da kann ich ja doch noch was lernen von dir. Mautzi, was sagen wir denn dazu?«

»Blödsinn!«, fiepst Mautzi sofort. Beide schauen wir herausfordernd meinen ungläubigen Gevatter an.

»Du redest mit deiner Hand, verdammt«, brüllt er völlig cholerisch.

»Ach, und wieso hat meine Hand dann Augen? Hä?«

»Ja, genau«, stimmt mir Mautzi sofort zu, »wieso hab ich dann Augen, mh?«

»Bist du total übergeschnappt? Du malst Pupillen auf zwei Tischtennisbälle, klebst sie dir an deine Finger und unterhältst dich mit dir selbst? Bist du vollkommen irre?«

»Naja, ich war so allein. Außerdem sind das keine Tischtennisbälle, sondern Styroporkuge...«

»Stopp, Stopp, Stooooopp!«, unterbricht mich Mautzi sofort und baut sich dicht vor meinem Gevatter auf. »Also nach dem, was ich schon so alles gehört habe, oh großer Herr Tod, da muss die Frage erlaubt sein: Wer ist denn hier der Übergeschnappte in diesem Haushalt? Hä? Der kleine Junge, der sich eine Freundin zum Reden sucht, weil sich ja sonst keiner mit ihm unterhält, oder der große Alte, der mit zerrissener Kleidung, die im Übrigen auch langsam mal wieder einen Waschgang nötig hätte, und Erntewerkzeug aus dem Mittelalter durch die Wohnung läuft und rumbrüllt, als wäre er Verkäufer auf 'nem Fischmarkt?« Das Gesicht meines Gevatters ist unter der Kutte zwar nur schemenhaft zu erahnen, aber ich spüre, dass er mal wieder kurz vorm Explodieren ist.

»Ich weigere mich, mit einer Hand zu diskutieren.«

»Ich dachte, vor dem Tod sind alle gleich«, versuche ich zu argumentieren. »Hand, Katze, Mensch, was macht das schon für einen Unterschied? Immerhin kommen wir so mal zum Reden. Merkst du, wir führen gerade ein richtiges Gespräch.«

»Darauf kann ich bestens verzichten«, erwidert mein Gevatter und steht auf. »Ich muss los, im Gegensatz zu dir kann ich nämlich nicht die ganze Zeit rumblödeln, sondern habe einen Betrieb zu leiten.«

»Drückeberger«, stänkert Mautzi.

»Pssst«, versuche ich, das vorlaute Haustier zu bremsen. »Er hat eine Sense.« Mautzi kichert.

»Uhh, eine Sense.«

Einen kurzen Augenblick liegt eine gewisse Spannung in der Luft. Dann dreht sich Tod senior um und ruft beim Hinausgehen: »Mir graut vor dem Tag, an dem du den Laden übernimmst.«

»Keine Sorge, ich bin ja nicht allein.«

»Genau«, frohlockt meine neue Freundin und faucht kampfeslustig.

Wortlos stürmt mein Gevatter die letzten Meter aus der Wohnung. Ich habe das dumpfe Gefühl, dass nun irgendein armer Mitarbeiter diesen Vorfall ausbaden muss. Die Tür fällt knallend ins Schloss. Mautzi und ich schauen uns kurz an, zucken mit den Schultern, dann verschwindet die Katze wieder unter dem Tisch. Wenig später spüre ich einen Luftzug an meinem Rücken.

»Und hat es geklappt?«, fragt Charon neugierig, als er hinter dem Schrank hervortritt.

»Mal schauen. Auf jeden Fall weiß er jetzt, dass mir Freunde fehlen und ich beschäftigt werden will. Es muss doch noch mehr im Leben geben außer dieser ollen Sterberei.«

Zwei Tage später steht als Lösung aller Probleme eine neue Playstation in meinem Zimmer. An ihr klebt der Hinweis, dass ich bitte nur Ballerspiele und Ego-Shooter spielen solle, alles andere würde meinen sowieso schon zweifelhaften Charakter sonst vollkommen verderben. So ganz hat es mein Gevatter also nicht verstanden. Aber besser als nichts. Und zumindest Mautzi ist ganz verrückt nach dem Teil.

Noch einmal kontrolliere ich vorsichtshalber das Klingel-schild: Friedrichs. Sehr schön, alles richtig, dann kann doch im Grunde eigentlich nichts mehr schiefgehen, denke ich mir, atme tief durch und klopfe an. Nach ein paar Sekunden ra-schelt es auf der anderen Seite. Ich winke möglichst freundlich vor dem Türspion und rufe dabei so vertrauenerweckend wie möglich: »Hallo, Frau Friedrichs. Huhu.« Nach einem Moment völliger Stille – ich habe schon Angst, die gute Frau sei an der Tür lehnend eingeschlafen – antwortet mir schließlich eine knarzige Stimme.

»Was wollen Sie hier? Gehen Sie weg, oder ich ruf die Poli-zei!«

»Ah, jemand zu Hause, sehr gut«, versuche ich das Gespräch möglichst locker in Gang zu bekommen. »Keine Sorge, das ist kein Überfall. Aber Sie haben natürlich recht, ich habe mich noch gar nicht vorgestellt. Mein Name ist der ...«

»Ich sehe, wer Sie sind, verdammt«, kommt es gereizt hinter der Tür zurück, »ich bin doch nicht blöd.«

»Das würde ich auch niemals wagen zu behaupten. Ich wollte nur höflich sein. Wenn Sie jetzt ihrerseits so freundlich wären, die Tür zu öffnen ... es gibt noch einen Haufen Sachen zu ...«

»Nee, jetzt ist wirklich ungünstig. Im Fernsehen läuft grad meine Lieblingssendung. Es würde besser passen, wenn Sie in einer Stunde noch mal wiederkommen.«

Ich stöhne. Als wenn man sich seinen Tod terminlich aussu-chen könnte. Vor allem habe ich bei der Qualität des aktuellen TV-Programms schon erwartet, dass man mir als Alternative ein wenig wohlgesonnener gegenüberstehen würde. Aber um den Ruf unserer GmbH scheint es noch schlimmer bestellt zu sein, als ich befürchtet habe.

»Passen Sie auf, Frau Friedrichs. Wie wär's damit? Wir schauen die Sendung gemeinsam zu Ende und nutzen die Gelegenheit, um uns dabei schon mal ein wenig besser kennenzulernen. Na?«

Statt einer Antwort rumpelt es lautstark hinter der Haustür, dann herrscht plötzlich wieder Ruhe. Also entweder, jagt es mir durch den Schädel, ist sie jetzt vor Aufregung in Ohnmacht gefallen, oder sie holt ihre Schrotflinte und schießt gleich panisch durch die Tür. Das wäre wirklich ärgerlich, der Wind zieht immer so eisig, wenn man Löcher in der Kutte hat.

Nach gefühlten fünf Minuten des Bangens höre ich das Klacken von Schlössern, Kettengerassel und diverse klimpernde Schlüssel. Frau Friedrichs scheint eine sehr vorsichtige Person zu sein. Mit einem unangenehmen Quietschen öffnet sich schließlich die Tür einen Spalt breit, und ein faltiges Gesicht schaut mich misstrauisch an: »Und Sie sind auch wirklich nicht von den Zeugen Jehovas?«

»Nein, nein«, versichere ich direkt, »sehen Sie: kein Wachturm oder andere Broschüren, nur eine winzig kleine, völlig harmlose Sense.«

»Na gut, aber quatschen Sie nicht dazwischen, während der Fernseher noch läuft. Es ist die letzte Folge meiner Lieblingsserie.« Wohl wahr, in doppeltem Sinne, denke ich mir. Doch mit diesen Worten öffnet sie vollständig ihre Tür und lässt mich herein.

»Schön haben Sie's hier«, sage ich zu meiner Gastgeberin,

während ich von ihr durch einen kleinen Eingangsbereich mit gelber Blümchentapete und diversen kitschig umrahmten Schwarzweißfotos geführt werde.

»Hören Sie auf sich einzuschleimen! Hinsetzen, Fernsehen gucken, Mund halten!«, gibt Frau Friedrichs streng die Richtung vor. Ich folge ihr ins Wohnzimmer und lasse mich gehorsam auf das einzige Sofa im Raum fallen. Hart, alt und unbequem, als hätten sie sich in den Jahren einander angeglichen, das Sofa und seine Besitzerin.

Ohne ein Wort zu sagen schauen wir zusammen irgendeine fast schon lächerlich klischeehafte Liebesschnulze. Sie: reiche Eltern, gutes Haus, liebt ihn: Musiker, Überlebenskünstler, Vollwaise und natürlich unwissend von edler Geburt. Nach ein paar Irrungen und Wirrungen liebt er sie schließlich auch, aber ihre Familie stellt sich quer, es kommt zum großen Showdown, Vater schießt, Tochter schreit, Liebhaber stirbt, Film aus, Heide schluchzt. Und wer war mal wieder schuld? Der Tod. Ich empfinde diese verunglimpfende Propaganda als extrem unfair und werde selbst ein wenig sentimental. Meine Gastgeberin reicht mir aufmerksam ein Taschentuch, ich schnäuze kräftig hinein. Danach fühle ich mich seltsam erleichtert, sodass ich erst gar nicht bemerke, wie mich Frau Friedrichs mit einer blaugepunkteten Teekanne in der Hand mitleidig anschaut. Oh Schreck, soweit ist es also schon gekommen. Wenn mich mein Gevatter so sehen könnte, er würde mal wieder behaupten, ich sei ein absolut unwürdiger Tod.

»Ach, Kind«, seufzt Heide, meinen Gefühlsausbruch völlig falsch deutend, »wenn so eine Liebe zerbricht, dann ist es das Beste, was ihr passieren kann. Die große Liebe muss doch zwangsläufig und möglichst bald ein Ende finden, damit sie in der Erinnerung auch groß bleibt und nicht im Alltag zur tristen Wirklichkeit zusammenschrumpft.«

»Na, wenn Sie meinen, Frau Friedrichs.«

»Nenn mich *Heide*, Junge, ›Frau Friedrichs‹ hört sich so alt an.«

»Ist Ihre Liebe denn auch zerbrochen, Heide?«

»Natürlich, sonst würde ich wohl kaum hier allein in der Wohnung sitzen und den Erinnerungen nachhängen«, erklärt sie beinah trotzig. Trotz aller Bestimmtheit sieht sie fast ein wenig traurig und verloren aus, wie sie in ihrer grünen Strickjacke mit mir auf dem grauen Sofa in ihrer einsamen Wohnung sitzt und durch mich hindurchschaut.

»Aber das ist in Ordnung«, fährt sie schließlich nach einer Weile fort und schenkt uns von dem süß duftenden Tee ein. »Wirklich, denn wäre Fritz noch hier, dann wären es keine sehnsüchtigen Gedanken, sondern der alte Faulpelz würde mir gehörig auf die Nerven gehen. So wie er es meistens tat. Gott, Sie wissen gar nicht, wie dumm er sich manchmal anstellen konnte. Wenn ich es mir recht überlege, wirklich erträglich war er eigentlich nur, wenn er nicht da war und ich ihn, warum auch immer, vermisst habe. Deshalb ist es nahezu ein Geschenk, dass er nun nie wiederkommt und ich ihn nur noch von seiner besten Seite erleben kann.«

Ich rede an diesem Abend noch lange mit Heide Friedrichs über die Liebe, den Wandel des Abendprogramms bei ARD und ZDF, über genmanipuliertes Gemüse in den Supermarktregalen am Hermannplatz, über Gott, der sich wie jeder Mann in Heides Leben viel zu selten blicken lässt, sofern er überhaupt ein Mann ist, wie ich betont naiv einwende, und die Welt, die doch eigentlich gar nicht so übel wäre, wenn es bloß nicht immer dieses ganze Übel gäbe. Manchmal schweigen wir uns auch nur minutenlang an, und jeder versinkt in seinen eigenen Gedanken, träumt von Blumenwiesen oder Achterbahnfahrten, um dann kurz bevor wir uns verlieren, mit einem neuen Gesprächsthema fortzufahren, als wäre nichts gewesen und der nächste Sonnenaufgang keine blasse Hoffnung, sondern beruhigende Gewissheit.

»Bringen wir es hinter uns?«, fragt mich Frau Friedrichs zu später Stunde schließlich ganz unvermittelt.

»Was? Jetzt gleich sofort?« Ich schlucke. Charon hat einmal gemeint, der Tod käme für manche plötzlich und unerwartet. Ich hätte nie gedacht, dass er *mich* damit hätte meinen können.

»Warum denn nicht? Es bringt doch nichts, es immer ewig aufzuschieben. Außerdem bin ich erfahren genug zu wissen, dass man sich in einem Beruf wie ihrem nicht einfach so einen ganzen Abend mit einer alten Dame wie mir abgibt, ohne irgendwann zum Abschluss kommen zu wollen. Aber das ist in Ordnung, Sie machen schließlich auch nur Ihren Job. Haben Sie einen Vertrag dabei?«

»Es gibt keinen Vertrag, das läuft in der Regel relativ formlos ab.«

»Kein Vertrag? Was verkaufen Sie denn überhaupt?«, fragt sie auf meine Sense zeigend. »Gartengeräte?«

»Äh, was?«

»Keine Sorge, es ist mir wirklich völlig egal. Mir hat lange nicht mehr jemand so geduldig zugehört, erst recht kein Vertreter. Es war ein wirklich schöner Abend, das ist mir beinah jeden Preis wert.«

»Äh, nun ja ...«, antworte ich unsicher, beschämt und langsam die Situation realisierend, »ich fand es auch richtig nett bei Ihnen. Dieses Gespräch ist Ihnen beinah jeden Preis wert, sagten Sie? Das trifft sich gut ...«

Als ich die Wohnung schließlich mitten in der Nacht verlasse, um nach meinem ersten eigenen Auftrag nach Hause zurückzukehren, liegt Heide Friedrichs mit geschlossenen Augen auf ihrem Bett. Ihre Hände sind gefaltet, sie hat ihr bestes Nachthemd an, und obwohl der Regen stürmisch gegen die Fensterscheibe trommelt, strahlt die alte Dame pure innere Ruhe und Zufriedenheit aus. Was für ein ergreifendes Bild, ein Beispiel wie eine Begegnung mit dem Tod nicht zwangsläufig zu einem Ende mit Schrecken, sondern auch zu einem Abschluss in Schönheit und Harmonie führen kann. Ein Anblick, der andere, wenn sie diese Szene sehen könnten, zu Tränen rühren würde, wie es bei manch einem nur ein kitschiger Fernsehfilm schafft. Eine einzige Sache stört jedoch diesen fast perfekten Augenblick.

Heide Friedrichs schnarcht wie ein Wildschwein.

Neben ihr liegt meine Sense auf dem Boden, die ich der alten Dame zuvor für 20 Euro verkauft habe. Das nächste Mal hol ich die gute Frau dann aber wirklich, versichere ich mir selbst, während ich vergnügt die Treppen nach unten springe. Oben in ihrer Wohnung schmunzelt Heide Friedrichs im Schlaf.

Die Lehrjahre eines Sensenjungen

Ich beginne zu deklinieren: »Ich nippel ab, du nippelst ab, er, sie, es nippelt ab, wir nippeln ab, ihr nippelt ab, sie hat Nippel.«

»Dritte Person Plural, sie nippeln ab«, korrigiert mich Charon humorlos. Als würde mich irgendwann mal später jemand berichtigen, wenn ich in diesem Zusammenhang die falsche Grammatik benutze. Ich habe sowieso das ungute Gefühl, dass ich nur einen Bruchteil dessen, was ich hier lerne, später noch einmal gebrauchen werde. Manchmal frage ich mich, ob der Lehrplan in den Schulen der Menschen genauso ineffektiv gestrickt ist.

»Kommen wir zu den Hausaufgaben«, holt mich der Zweisträhnige aus meinen Gedanken. Ich versuche mich ganz klein zu machen und mich nicht mehr zu bewegen. Charon lässt seinen Blick durch den Raum schweifen, schaut erst in die andere Richtung, wählt dann aber natürlich doch wieder einmal ausgerechnet mich aus, um den aufgegebenen Text vorzulesen. Ich bin ein Pechvogel. Vielleicht liegt es aber auch einfach nur an der recht banalen Tatsache, dass ich der einzige Schüler in diesem Klassenzimmer bin. Ein weiterer enormer Nachteil, ein Mitglied der Familie Tod zu sein: Man trifft selten auf gleichgesinnte Altersgenossen. Ich kann noch nicht mal von irgendjemandem abschreiben, geschweige denn unauffällig den Unterricht schwänzen. Seit Jahren fühle ich mich in meinen Grundrechten als Schüler beschnitten. Jedes meiner sich darauf beziehenden Protestschreiben wurde jedoch vom Direktor, meinem Gevatter, rigoros abgeschmettert. Ein Jammer.

»Okay, Überführung der Neuzeit«, versuche ich aus dem Gedächtnis die Hausaufgaben zu referieren. »Irgendwann zwischen den letzten Weltkriegen wurde der Weg ins Jenseits wegen des enormen Andrangs ziemlich radikal modernisiert.«

»1929, um genau zu sein. Die Zeit der ersten globalen Wirtschaftskrise«, ergänzt Charon penibel.

»Jaja, genau. Alles sollte größer, toller und zeitgemäßer werden. Heutzutage leitet ein vollautomatisches Tunnelsystem mit LED-Signallicht und Fahrstuhlmusik die Seelen nach drüben.«

»Vergiss nicht den Sekt und Orangensaft-Ausschank am Eingang. Wie war es vorher?«

»Wahrscheinlich nicht so ganz am Nabel der Zeit. Gab's da nicht noch den Seeweg? Wie uncool.« Charon schaut mich verärgert an.

»Nicht alles, was abgeschafft wurde, muss automatisch schlecht gewesen sein, junger Tod. Denk an die D-Mark, den Sozialismus oder das Familienduell mit Werner Schulze-Erdel. Auch der Seeweg hatte durchaus seine Vorteile und eine jahrhundertalte Tradition.« Charon als Klassenlehrer zu haben, hat neben seinem sensationellen Wissen den unbestreitbaren Vorteil, dass der Zweisträhnige, wenn er einmal ins Erzählen kommt, während seiner Monologe nur allzu gern vergisst, wer denn hier eigentlich den Vortrag halten soll. »Damals, kleiner Tod, brachte ein Flussführer die Gäste auf einem ehrwürdigen Schifferkahn, nach der Jordan-Sturmflut um 1635 auf einem beinah schon nostalgischen Floß, zielsicher auf die andere Seite. Die Überfahrt war ein atemberaubend schönes Erlebnis, passend zu der großen Zeit der Entdecker, ganz zu schweigen von der persönlichen Betreuung und den legendär charmanten Witzen des Fährmanns. Die Seelen sprechen heute noch von seiner warmherzigen Ausstrahlung. Leider war die Kapazität dieser Überführungsmethode begrenzt, und da man keine neuen Mitarbeiter einstellen wollte, sondern vielmehr bemüht war, Stellen abzubauen, kam dann schließlich dieser schrecklich unpersönliche Tunnel. In der Moderne scheint Effizienz und Produktivität stets über dem Erhalt der Freude am Sein zu stehen. Aber was lehrt uns gerade diese Firma, kleiner Tod? Alles hat ein Ende. Und so wird auch dieses Denken irgendwann vergehen. Contra vim mortis non est medicamen in hortis.«

»Ich hasse ausgestorbene Sprachen.«

»Oh ja, das bestätigen deine Noten in Latein und Altgriechisch.«

»Was soll ich denn auch damit? Ich arbeite im einundzwanzigsten Jahrhundert, nicht in der Römerzeit.«

Schulterzuckend geht der Zweisträhnige zur Tafel und beginnt mit Kreide einen Text über irgendeinen Herrn Ausdiemaus aufzuschreiben, der bisher jedes Jahr bei 18 Tagen Urlaub 237 Grabsteine meißelt, und sich dann fragt, wie viele Steine er wohl fertigstellen kann, wenn er mal ein Jahr ganz auf seine freien Tage verzichten würde. Soviel zum Erhalt der Freude am Sein. Meine Laune sinkt auf den Gefrierpunkt.

»Und Mathe ist genauso überflüssig.« Obwohl wahrscheinlich viel mehr Menschen den Tod zu schätzen wüssten, wenn sie sich auch nach der Schulzeit noch mit Dingen wie gebrochen rationalen, quadratischen Funktionen oder Exponentialgleichung auseinandersetzen müssten.

»Schau, kleiner Tod, bei diesem Fach geht es nicht um Logarithmen oder Polynomdivision, das darfst du später gern alles wieder vergessen. Es geht bei der Mathematik vor allem um das Erkennen und Lösen von Problemen. Wir trainieren deinen Geist.«

»Okay. Schule als Problem erkannt, Lösung: eliminieren. Bin ich jetzt austrainiert?«

»Nein, nein, nicht für die Schule, sondern fürs Leben lernen wir.«

»Pah, blödes Leben.«

»Na also, es geht doch, sehr schön«, nickt Charon zufrieden, »dein Gevatter würde sagen: ›Allein für diese Einsicht hat sich der Unterricht bereits gelohnt.‹ Wir sind auf einem sehr guten Weg, du machst große Fortschritte.«

Aus dem Tagebuch des kleinen Todes 2

Regel 96: Wer Name und Gesicht ablegt, auch Eitelkeit zu Grabe trägt.

Liebes Tagebuch,

es war gar nicht so schwer zu verschleiern, dass mein erster eigener Auftrag voll in die Kutte gegangen ist. Ich habe einfach in die Akte von Heide Friedrichs geschrieben »Empfänger unbekannt verzogen«. Viel komplizierter erweist es sich, unauffällig an eine neue Sense zu kommen. Die Dinger werden überhaupt nicht mehr produziert und gelten sogar auf Bauernhöfen inzwischen als seltene Antiquitäten. Hab jetzt mal auf Ebay für so ein Ding geboten. Wenn der Tod nicht das letzte Gebot abgibt, wer dann? Warum können wir denn nicht auch ein etwas moderneres Markenzeichen mit uns herumschleppen? So einen Akkubohrer oder einen von diesen neuen vollautomatischen Staubsaugern, die kriegt man heutzutage an jeder Ecke hinterhergeschmissen. Da wäre ein Verlust kein Problem, und diese Teile hätten sogar einen halbwegs praktischen Sinn. Mit so einer Ausrüstung würden die Kunden automatisch denken: »Ja, gut. Ich muss jetzt zwar sterben, aber zumindest wird vorher noch mal ordentlich der Boden gesaugt.« Oder der Wandschrank zusammengebaut. Da lässt es sich doch gleich viel einfacher gehen. Wer hinterlässt gern eine dreckige Wohnung? Wer möchte schon, dass die Leute später sagen: »Also, Onkel Günther war ja ein netter Kerl, aber schrecklich, wie viele Schrauben bei dem am Ende locker waren.« Wenn ich wenigstens zeigen dürfte, wie schön ich inzwischen auf der Blockflöte spielen kann, dass könnte unserem Auftritt viel von seiner Schrecklichkeit nehmen. Aber mein Gevatter ist der festen Überzeugung, mein Vortrag würde bei unseren Kunden eher noch mehr Qualen hervorrufen. Ich glaube, er will mich bloß ärgern.

Meine aktuellen Lieblingslieder auf der Blockflöte:

Lebt denn der alte Holzmichel noch

Killing me softly

Wie schön, dass du geboren bist, ich hätte dich sonst sehr vermisst

Major Tom

Einer geht noch, einer geht noch rein

I will survive ... NOT

Der blöde Fritschmann hat mir heute verraten, dass die Menschen ihren Orgasmus manchmal auch den »kleinen Tod« nennen. Weiß nicht so ganz, was ich davon halten soll. Ist das jetzt gut oder schlecht? Egal. Morgen geht's wieder mit meinem Gevatter in den Außendienst. Hoffentlich ist er dann mal besser drauf. Drück mir die Seiten.

Tschüssi,
Todi

Frühstück mit Lucifa

»Kaffee?«, frage ich.

»Und ein Mandelhörnchen«, ergänzt Lucifa mit einem Augenklimpern. Man kann der Guten aber auch einfach nichts abschlagen. Sogar mein Gevatter lässt sie regelmäßig während der Ferienzeit bei uns wohnen, und man kann von der Tochter des Teufels nicht unbedingt behaupten, sie sei besonders pflegeleicht. Was immer meinen griesgrämigen Alten zu dieser überraschenden Gastfreundschaft führt: Mir soll es recht sein, denn Abwechslung ist in meinem Leben stets willkommen.

Als hätte sie bloß auf unsere Entscheidung gewartet, kommt auf einmal die Bedienung aus dem Nebenraum hinter die bisher verwaiste Theke, erblickt uns beide und stöhnt: »Ach, du lieber Gott, hier ist aber auch wieder was los.« Ich schaue mich fragend in der vollkommen leeren Bäckerei um. Lucifa zuckt mit den Schultern und tippt sich gegen die Stirn. Sie hat die goldenen Haare von ihrem Vater geerbt, zum Glück nicht nur drei, sondern eine ganze Pracht.

»Guten Morgen«, beginne ich unsere Bestellung, »wir hätten gerne zwei Kaffee.« Lucifa stößt mir ihren mit Edelsteinen verzierten Dreizack vors Schienbein. »Au, ach ja und ein Mandelhörnchen«, füge ich schnell hinzu. Sanftmut ist noch nie eine Stärke der Familie Satan gewesen.

»Oje, zwei Kaffee ... verdammt«, antwortet die Verkäuferin nervös, die ich in Gedanken einfach mal Frau Sommer taufe. Laut einer nicht repräsentativen Studie von mir heißen in der Menschenwelt 80 Prozent aller Kassiererinnen und Bäckerei-Fachangestellten *Frau Sommer*. Scheinbar ein Synonym für »mein Name geht dich überhaupt nichts an«. Die vermeintliche Frau Sommer beginnt wild, auf ihrer Kasse herumzutippen.

»Die haben das System umgestellt«, entschuldigt sie sich nach einigen Sekunden. »Ich find hier einfach nix mehr.«

»Keinen Stress«, beschwichtigt Lucifa, »wir sind nicht in

Eile.« Wer Lucifa auch nur ein bisschen genauer kennt, weiß, sie ist die Ungeduld in Person.

»Ach, das sagen Sie doch nur aus Höflichkeit«, ahnt auch unsere Verkäuferin. »Früher konnte man einfach den Preis eingeben. Jetzt muss man die Produktnummer kennen. Also die 008 ist es schon mal nicht ...« Meine teuflische Freundin verdreht die Augen.

»Jaja, ich hab's doch gleich. Die 011 war's auch nicht.«

»Haben Sie die Nummern denn nicht irgendwo stehen, zum Nachschauen?«, versuche ich zu helfen.

»Sehen Sie«, wendet sich Frau Sommer verstimmt an Lucifa, »jetzt drängelt hier schon der Erste.« Meine Begleitung guckt mich böse an und schüttelt vorwurfsvoll den Kopf. Klar, so was lässt sie sich nicht entgehen.

»Ich wollte nur helfen«, gebe ich kleinlaut zurück. Im Nebenraum beginnt es, laut zu piepen. Unsere Bedienung erstarrt.

»Ach, du Schreck, die Brötchen sind ja noch im Ofen!« Plötzlich stürzt sie davon. Ein lautes Rumpeln dringt aus dem Nebenraum zu uns, gefolgt von einem blechernen Knall. Das Piepen stoppt. Stille. Lucifa schaut mich misstrauisch an, ich hebe nur unschuldig die Hände.

»Alles in Ordnung bei Ihnen?«, rufe ich nach hinten.

»Alles unter Kontrolle, alles unter Kontrolle! Keine Sorge!«, beschwichtigt die Verkäuferin, als sie hinkend an die Theke zurückkehrt. »Nur eine kleine Schramme. Was wollten Sie noch mal?« Ich höre Lucifa aufstöhnen und leise irgendwas von Verdammnis und ewiger Qual grummeln.

»Wir hätten gern zwei Kaffee und ...« Lucifa tritt erneut unauffällig gegen mein Schienbein.

»Lieber doch kein Mandelhörnchen, meine Ferien sind sonst vorbei, bevor diese Trulla mal in die Gänge kommt.«

»Aua, verdammt, nicht immer treten«, fahre ich meine höllische Freundin an und schubse sie im Gegenzug. Es entwickelt sich ein kurzes, würdeloses Handgemenge mit Haareziehen, Zwicken und Dreizack-gegen-Sense-Kloppen, das schließlich Frau Sommer mit ihrem Gejammer unterbricht.

»Oje, ausgerechnet zwei Kaffee. Ich glaub, das war die 008 ...«

»Nein«, werfe ich genervt ein, während sich Lucifa fassungslos an die Stirn schlägt, »die Nummer haben Sie vorhin schon probiert.«

»Ach?«, giftet die Frau mich plötzlich an und mustert mich herausfordernd von oben bis unten. »Herr Neunmalklug, wer arbeitet denn hier seit fünf Jahren von früh bis spät, Sie oder ich?« Lucifa nickt ihr verständnisvoll zu und spielt dabei so unschuldig mit ihren Haaren, dass man fast hätte glauben können, sie würde in ihrer Freizeit harfespielend auf einer Wolke sitzen. Auf einmal jubiliert Frau Sommer.

»Ha! Die 002 war's! Wusste ich's doch.« Dabei guckt sie mich herausfordernd an, als hätte ich die ganze Zeit das Gegenteil behauptet. »Das macht dann genau 2 Euro und 60 Cent!« Ich reiche ihr ohne weiteren Kommentar mein letztes Bargeld, einen 10-Euro-Schein. Die Verkäuferin nimmt ihn lächelnd an, blickt in ihre Kasse und erstarrt. »Verdammt. Äh, haben Sie's vielleicht kleiner? Ich hab nicht genug Wechselgeld!« Ich schaue Lucifa fragend an, die mir erwartungsgemäß nur bedauernd ihre leeren Taschen zeigt.

»Keine Panik«, versuche ich, den drohenden Nervenzusammenbruch bei Frau Sommer zu verhindern. »Dann nehmen wir eben einfach noch ein Mandelhörnchen dazu.«

»Ein Mandelhörnchen. Gute Idee. Ein Mandelhörnchen, natürlich, kommt sofort«, jauchzt die Angestellte. Doch bereits einen Augenblick später macht sich Entsetzen auf ihrem Gesicht breit.

»Aber welche Nummer hat denn bloß das Mandelhörnchen?«

»Kruzifix nochmal«, platzt es aus Lucifa heraus, »dagegen ist Teufels Küche ja ein Schnellrestaurant!« Leichter Schwefelgeruch erfüllt den Laden. Ich mache mir ein wenig Sorgen um meine zukünftigen Einkäufe, denn es handelt sich um die einzige Bäckerei in der Nähe unseres Betriebs.

»Was hat sie denn bloß auf einmal?«, bemerkt Frau Sommer irritiert.

»Fragen Sie nicht, liegt in der Familie«, antworte ich. »Aber ich denke, wir sollten jetzt langsam mal die richtige Nummer finden.« Das hatte ich von Charon gelernt. Wenn man etwas von jemandem will, am besten von »wir« statt von »Sie« reden, das schwächt die Forderung im Unterbewusstsein ab. Denn geteiltes Leid ist halbes Leid, auch wenn man überhaupt nicht vorhat zu teilen. Besonders beliebt: »Wir müssen mal wieder den Müll runterbringen.« Oder: »Lass uns heute Abend was kochen.« Oder in meinem Beruf: »Wir gehen jetzt besser mal auf die andere Seite.«

»Die Nummern müssen doch irgendwo stehen«, ermutige ich die schon wieder verzweifelt auf die Kassentasten tippende Verkäuferin. »Ganz bestimmt stehen die irgendwo.«

»Ja, natürlich stehen die irgendwo«, jammert Frau Sommer, den Tränen nahe. »Aber Frau Krause sagt, wenn ich dauernd nachschaue, lern ich die Zahlen nie auswendig.«

»Ich bitte Sie: Jetzt schauen Sie doch einfach nach.« Mittlerweile glühen die Wände in einem bedrohlichen Rot. Rauch kräuselt sich aus den ansonsten sehr formschönen Nasenlöchern Lucifas.

»Aber wenn das Frau Krause erfährt ...«

»Von mir erfährt Frau Krause überhaupt nichts. Wirklich«, versichere ich. Lava läuft aus den Ritzen der Wände, der Schwefelgestank wird immer unerträglicher. Ich packe meine Sense fester. Bedauerlich, dass unsere gemeinsamen Frühstücksversuche immer so eskalieren müssen. Dabei kann Lucifa so ein nettes Mädchen sein.

Die Verkäuferin gibt sich geschlagen und beginnt, in einem kleinen Buch neben der Kasse zu blättern.

»Hab's gleich, hab's gleich!« Direkt neben ihr schlägt ein verbranntes Deckenteil auf den Boden, Frau Sommer scheint es gar nicht zu bemerken. Als die Wände zu zerfließen drohen, hebt sie auf einmal voller Triumph den Zeigefinger.

»Ha! Sehen Sie, die 008 isses. Die 008! Und Sie wollten mir nicht glauben. Als hätte ich nicht schon genug Stress.«

»Aber da sprachen wir doch über den Kaffee ...«, versuche ich, mich zu verteidigen.

»NEIN«, brüllt Frau Sommer plötzlich so energisch, dass sogar Lucifa einen Schritt zurückweicht, über ihren eigenen Dreizack stolpert und verdutzt auf dem Hosenboden landet. Auf einmal ist die ganze Bäckerei wieder in ihrem Originalzustand, kein Rauch, kein Feuer, selbst das Loch in der Decke ist verschwunden. »Kaffee ist die 002! Sie denken wohl, ich wäre total bescheuert, was?« Lucifa und Frau Sommer gucken mich böse an und schütteln beide vorwurfsvoll den Kopf.

Wahrscheinlich habe ich gerade die Bäckerei vor dem Abbrennen und Frau Sommer das Leben gerettet. Und das als zukünftiger Tod – das muss man sich mal vorstellen. Ich hoffe, dass mein Gevatter davon nichts erfährt, er wäre sehr enttäuscht von mir. Zum Dank lasse ich mir das Mandelhörnchen auf die Theke knallen, gefolgt von der Bemerkung: »Macht dann 3 Euro und 59 Cent, und wehe Sie haben's nicht passend!«

Ich reiche meinen 10-Euro-Schein über die Theke, nuschele ein »Stimmt so« und balanciere die zwei Kaffeebecher und das Mandelhörnchen zum hintersten Tisch, an dem mich Lucifa seelenruhig mit großen unschuldigen Augen erwartet.

Achtung! Tod fährt mit!

Wenn beim Auto des Todes der Motor abstirbt, dann ist das nicht lustig. Besonders nicht, wenn es gerade schneit, es daher auch der S-Bahn wie jedes Jahr unmöglich ist, halbwegs regelmäßig zu fahren, und man deshalb den Rest des Weges bei Eiseskälte zu Fuß zurücklegen muss. Und schon mal erst recht nicht, wenn man sich in Begleitung der miesestgelaunten Person dieses Planeten befindet.

»Laufen ist eh viel gesünder«, versuche ich meinen Gevatter aufzumuntern, dessen Gemüt temperaturtechnisch noch weit unter den frostigen Graden hier draußen zu liegen scheint. »Und außerdem viel umweltschonender. Muss man positiv sehen. Weißt du, wie viele Abgase im Jahr ...?«

»Ruhe!«, schimpft mein alter Herr. »Verdammt, warum sollte sich denn ausgerechnet der Tod um die Umwelt kümmern?« Ich überlege kurz.

»Es macht später auf jeden Fall weniger Arbeit. Man muss doch auch mal an die Zukunft denken.« Genervt winkt mein Gevatter ab und stapft kommentarlos weiter. Betont fröhlich beginne ich daraufhin, die Melodie von »Morgen, Kinder, wird's was geben« zu pfeifen. Eine kleine Provokation, denn nichts hasst Tod senior so sehr wie die besinnliche und herzerwärmende Weihnachtszeit, die ihn schon aus Prinzip automatisch in den Stimmungsmodus Weltuntergang versetzt. Wir haben daheim nicht mal einen Baum zum Schmücken. »Bei diesem Fest wird eine Geburt gepriesen, das ist nichts für uns«, beginnt mein alter Herr alljährlich ab August zu predigen, sobald die ersten Schoko-Nikoläuse in den Supermarktregalen stehen. In der Folge entwickelt sich ein fast schon traditionelles Streitgespräch zwischen uns beiden, bei dem mein Gevatter irgendwann komplett auf stur stellt und ich, einem aussichtslosen Windmühlenkampf gleich, versuche, mit stichhaltigen Argumenten wie leblosen Weihnachtsgänsen oder abgehackten Tannenbäumen doch noch ein wenig weihnachtlichen Glanz in unser Leben zu bringen. Heilen konnte ich diese Christmas- Phobie meines Gevatters damit jedoch bisher noch nicht einmal im Ansatz. Im Gegenteil. Wenn es nach ihm gehen würde, gäbe es bei uns überhaupt nichts zu feiern. Weihnachten? Diskriminierend. Geburtstag? Widerlich. Ostern? Rufschädigend. Silvester? Ruhestörung. Jedes Mal wenn ich gerade diesen Punkt als ziemlich kleinbürgerlich deklariere, kann ich mir einen Vortrag anhören, dass in der Nacht zum Neujahr nur deshalb so viel herumgeknallt werden würde, weil die Menschen böse Geister vertreiben wollen, was mein Gevatter überraschend sensibel in erster Linie auf sich und seine Angestellten bezieht.

Ein Taxi schleicht an uns vorbei. Wie eingeübt heben wir beide synchron den Arm. »Stooop!« Es gibt für einen Taxifahrer gewiss vertrauenerweckendere Anblicke als zwei eingeschneite Kuttenträger mit Sensen am Straßenrand, aber die Aussicht auf bezahlte Arbeit scheint alle oberflächlichen Befürchtungen beiseitezuwischen. Mit schlingernden Reifen und einem vielversprechenden Quietschen kommt das Auto mit dem beleuchteten Schild auf dem Dach ein paar Meter vor uns zum Stehen. Ein rotbäckiger Mitvierziger mit einem kräftigen Schnauzbart springt eifrig aus dem Wagen und winkt uns heran: »Komm' Se schnell, bei dem Wetter holt man sich ja noch den Tod.« Mein Gevatter brummelt missmutig: »Na, ganz toll! Ein Scherzkeks.«

Durchgefroren packen wir unsere Sensen in den Kofferraum und nehmen unsere gewohnten Sitzpositionen ein: Ich vorne beim Fahrer, mein Gevatter, der belanglosen Smalltalk auf das Leben nicht leiden kann, hinten auf der Rückbank.

»Einmal zum Alexanderplatz, bitte.«

»Ah, zum Weihnachtsmarkt, was? Lecker Glühwein trinken. Sehr vernünftig, dass Sie da lieber gleich ein Taxi nehmen. Wissen Sie, wie viele Leute jedes Jahr wegen Alkohol am Steuer sterben?« Ich nicke eifrig.

»Oh ja, besser als Sie denken.« Der Taxifahrer schaut mich skeptisch an.

»Um genau zu sein, 13 in den letzten anderthalb Jahren allein auf *dieser* Straße.«

»Oh.« Besserwisserisch beugt sich mein Gevatter von hinten zwischen uns und hebt den Zeigefinger.

»14, Sohnemann, 14. Du vergisst immer den alten Helmut im September.«

»Nein, Vatter, der war nicht betrunken, der stand unter Medikamenteneinfluss.«

»Quatsch, das war 'ne Schnapsleiche.«

»Nö.«

»Doch.«

»Gar nicht.«

»Wohl.«

»Sehen Sie, Herr Taxifahrer, so ganz genau wissen wir es auch nicht. Was ist Ihrer Meinung nach denn die richtige Lösung?« Der Mann hinterm Lenkrad scheint ein wenig verwirrt.

»Ähm, um ehrlich zu sein: Ich weiß es gar nicht. Das war eigentlich nur so dahingesagt ...«

»Ach, so eine Redensart wie: ›Alles hat ein Ende, nur die Wurst hat zwei.‹«

»Ähm ... genau.«

»Oder: ›Jedem Anfang wohnt ein Ende inne.‹ Oder auch: ›Die dümmsten Leben bekommen die dicksten Grabsteine.‹«

»Jaaa ... so in etwa.«

»Oder vielleicht eher so was wie: ›Die frühe Leiche kennt den Wurm.‹ Oder: ›Wer in der Urne sitzt, sollte nicht mit ...‹«

»Schluss jetzt«, brüllt mein Gevatter dazwischen. Der Fahrer zuckt ängstlich zusammen.

»Keine Sorge, Herr Taxifahrer, er meint mich, nicht Sie.«

Ich kenne diese Nervosität inzwischen zur Genüge. Wenn mein Gevatter und ich gemeinsam unterwegs sind, überfordern wir regelmäßig unser Umfeld. Natürlich muss man auch offen zugeben: Zwei Tode in einem Auto, das kann einen schon mal aus der Bahn werfen. Besonders wenn sie charakterlich und stimmungsmäßig so verschieden sind wie wir zwei. Ich versuche deshalb, dem guten Herrn, der uns so freundlich durch die

Stadt kutschiert, ein wenig Ruhe zu gönnen und schaue mir schweigend die beleuchteten Fenster der festlich geschmückten Wohnungen an, die an uns vorbeirauschen. Unwillkürlich ergreift mich wieder die Sehnsucht nach Geschenken, winterlichen Liedern und gemeinschaftlichem Plätzchenbacken. Ein Traum, gewiss. In der Realität kann ich im besten Fall auf eine alljährliche Diskussion hoffen, bei der wir zusammen die ungerechtfertigte Bezeichnung des Weihnachtsklassikers *Lebkuchen* erörtern. Plötzlich dringt wieder die dröhnende Stimme meines Gevatters nach vorne.

»Verdammt, können Sie nicht ein wenig schneller fahren? Wir haben noch einen Termin!«

»Das ist bei diesen Witterungsbedingungen nicht zu empfehlen! Das kann ganz schnell ins Auge gehen.«

»Ach, nein, sagen Sie bloß? Vielleicht sind ja auch Sie *unser Termin?* Schon mal drüber nachgedacht?«

»Vatter, hör auf, dem armen Mann Angst zu machen!«

Abfällig schnaubend, aber immerhin meinem Wunsch nachkommend, lässt sich mein alter Herr wieder in den Sitz fallen, was unseren Fahrer sichtlich entspannt. Verständlich! Wer fährt schon gerne Auto, wenn einem ständig ein schlechtgelaunter Tod über die Schultern schaut. Um die bedrohlichen Gedanken zu vertreiben, schaltet der Taxifahrer das Radio an. Aus den Boxen erklingt *Last Christmas* von Wham. Das Genörgel meines Gevatters lässt nicht lang auf sich warten.

»Ganz schlechte Idee, mein Lieber, ganz, ganz schlecht.« Eingeschüchtert versucht der Fahrer, schnell den Sender zu wechseln.

»Kein Problem, ich kann auch …« Ich halte ihn ruhig zurück.

»Nein, lassen Sie, ich finde das Lied toll! Meine Freundin

Lucifa mag den Song auch sehr gern.« Von der Rückbank hört man ein abfälliges Lachen.

»Na, logisch gefällt *ihr* das Zeug. Der Mist wird in der Hölle ja auch rauf und runter gespielt. Überleg mal, warum.« Ich hole tief Luft, als unser Fahrer den drohenden Schlagabtausch mutig unterbricht.

»Sie brauchen gar nicht zu streiten, meine Herren, wir sind sowieso gleich da.«

»Gleich« bedeutet in diesem Fall in zehn Minuten, was meinen Gevatter natürlich zu einer ebenso langen Schimpftirade über schlampige Zeitangaben, die Ungenauigkeit des Lebens und die angeblich mangelnde Qualifikation unseres Fahrers animiert, die erst wieder zum Versiegen kommt, als das Taxi unser Ziel erreicht und meinem alten Herrn plötzlich ganz kleinlaut auffällt, dass er ja gar kein Geld dabei hat.

»Uh, das ist jetzt natürlich blöd.«

»Yap«, bestätigt der Taxifahrer verärgert, »das ist jetzt echt blöd.«

»Ziemlich blöd«, ergänze ich. Wir schweigen uns zu dritt eine Weile im Auto an. Der Zähler tickt, im Radio plärrt Mariah Carey über mehrere Oktaven *All I Want For Christmas Is You*. Schließlich ergreift mein Vatter wieder das Wort.

»Also in Anbetracht der Tatsache, dass wir kurz vor dem seligen Weihnachtsfest stehen, kann man nicht wegen Güte, Barmherzigkeit und dem ganzen Kram mal eine Ausnahme ...?« Ich muss mir bei diesen Worten aus dem Munde meines Gevatters ein Grinsen verkneifen und daran denken, dass Lucifa erst neulich gemeint hat, ihr Papa würde in manchen Momenten auch mal Fliegen essen müssen. Unser Taxifahrer lässt sich von den falschen Worten jedoch nicht erweichen und schüttelt eisern den Kopf. Dann ergänzt er jedoch ein wenig zu leichtfertig: »Auf keinen Fall, nur über meine Leiche.«

»Na, sehen Sie«, jubiliert mein Gevatter sofort, »ich wusste doch, dass wir uns schon irgendwie einigen können. Warten Sie, ich hol noch schnell die Sense aus dem Kofferraum.« Als mein Alter den Wagen verlässt, drücke ich dem Fahrer schnell einen 20-Euro-Schein in die Hand.

»Ganz dünnes Eis, Herr Taxifahrer, ganz dünnes Eis. Sie haben Glück, dass ich mein Taschengeld dabei habe.« Mit diesen Worten steige ich aus und erkläre meinem einsatzfreudigen Gevatter, dass sein Sohn die Sache nun doch anders geregelt hätte. Es folgt ein kurzes Wortgefecht, das wir gestikulierend fortsetzen, während wir zu unserem Termin eilen und schon bald in den Menschenmassen des Alexanderplatzes verschwinden. Kopfschüttelnd sieht uns der schnauzbärtige Taxifahrer noch eine Weile nach.

»Pff, Berlin«, sagt er schließlich und fährt wieder los.

Im Vorzimmer des Todes

Ein dunkler Schatten sieht auf mich herab. Düster, kalt und trotz der vollkommenen Schwärze unter seiner Kapuze gibt es nicht den geringsten Zweifel, dass sein Blick in diesem Moment niemand anderem gilt als mir. Wie ein Zepter, das einem die Macht über ein ganzes Königreich verleiht, umklammern sehnige Finger eine halb verrostete Sense von gigantischer Größe. Nebelschwaden umhüllen seine unheimliche Gestalt, dessen löchrige Kutte von Geisterhand geführt im Wind weht.

Selbst der weitentfernte Mond scheint die Bedrohlichkeit dieses Augenblicks zu spüren und versucht verzweifelt, Schutz hinter den Wolken zu finden. Verziert wird das lebensgroße Porträt meines Gevatters von einem recht simplen Holzrahmen.

Wie so oft stehe ich im Vorzimmer zum Chefbüro der Tod GmbH und kann nur den Schädel schütteln. Wie kommt man bloß dazu, sich ein solch grausiges Gemälde vor die Tür zu hängen? Wieso muss denn der Tod, bei dessen bloßer Erwähnung den meisten schon der Darm schlackert, seine Gäste auch noch einschüchtern? Mich eingeschlossen. Was habe ich mich als Kind gefürchtet, wenn ich hier mal wieder auf einen Termin warten sollte – und ich weiß aus sicherer Hand, dass es den meisten Mitarbeitern in diesem Zimmer ähnlich ergeht. Dabei könnte es so einfach sein. Ein paar zeitlose Lavalampen, dazu einige fröhliche Farbmuster, Meeresrauschen über Lautsprechern, Kekse zum Naschen, und wenn schon Bilder, dann eine lustige Mammutparade oder irgendwas anderes putzig Ausgestorbenes. Dazu eine große Bahnhofsuhr, die beständig fünf vor zwölf anzeigt, damit jeder weiß, hier wird unter Hochdruck, aber stets mit einem Schmunzeln gearbeitet.

»Der Boss befindet sich leider noch in einem Call«, teilt mir Brunhilde, die Empfangsdame, bedauernd mit, bevor sie sich ausgiebig einem Hustenanfall widmet. Es ist ihr dritter oder vierter, seit ich vor fünf Minuten den Raum betreten habe.

»Das Vorzimmer des Todes, im wahrsten Sinne des Wortes«, stelle ich trocken fest. »Mit wem called er denn eigentlich so die ganze Zeit?«, frage ich direkt, um nicht gleich wieder die Sense ins Korn zu werfen. Brunhilde hustet noch einmal gequält, dann wendet sie sich wieder mit einem übertriebenen Lächeln zu mir, als sei nichts gewesen.

»Ach, die übliche Konferenzschaltung mit den ganzen Teilhabern und Investoren der Firma.«

»Aha.« Ich habe bisher noch nicht einmal gewusst, dass es bei unserer GmbH überhaupt so etwas wie *Teilhaber* oder *Investoren* gibt. »Um was geht es denn heute?«

»Das darf ich eigentlich nicht sagen.« Ich hole geschwind ein Hustenbonbon aus meiner Kutte und lege es ihr mit einem Zwinkern auf den Tisch.

»Na, komm, Brunhilde, du weißt doch, es bleibt in der Familie.« Gierig greift die Vorzimmerdame nach dem Bonbon und steckt es sich umgehend voller Hoffnung auf die sofortige Heilung ihrer langjährigen Bronchitis in den Mund. Von den Kleinsten werden stets die größten Sachen erwartet.

»Na, der Börsengang, er steht kurz bevor.«

»Was? Wir gehen an die Börse?« In mir verstärkt sich das ungute Gefühl, das ich als zukünftiger Leiter des Ganzen so ziemlich gar keine Ahnung habe, wie diese Firma in Wirklichkeit überhaupt funktioniert. Ich habe in meiner Naivität bisher stets gedacht, ein Tod kümmert sich allein ums Sterben.

»Ja, selbstverständlich. Wir sind ein Weltunternehmen. So einen Betrieb muss man am Laufen halten.« Dabei krächzt sie erneut los, als würden die Lungenflügel ihrerseits den Betrieb umgehend einstellen wollen. »Man mag es unseren Räumlichkeiten nicht ansehen«, fährt sie nach einer kurzen Pause freudig fort, »aber das Geschäft mit dem Tod boomt. Versicherungsfirmen, die Pharma- sowie die Rüstungsindustrie, Bestattungsunternehmen, Alkohol- und Tabakhersteller,

Banken, Waffen- und Atomlobby: Jeder will sein Kuchenstück von der Verlässlichkeit des Todes abbekommen. Vor ein paar Jahren ist Katar eingestiegen, Dubai und fast alle arabischen Ölmächte zogen direkt hinterher. Großbritannien und die USA sind bereits seit Jahrzehnten im Aufsichtsrat vertreten. In einer unsicheren Welt ist unsere Beständigkeit eine Garantie auf enorme Rendite und steigende Aktienkurse. Nichts ist so sicher wie der Tod.«

Schockiert lasse ich mich auf die knochige Wartebank fallen. Was geht hier bloß vor? Das war doch sicher nicht im Sinne des Erfinders, als diese Firma vor Jahrmillionen gegründet wurde. Offensichtlich hatte sich der Kapitalismus den Tod gekrallt und ohne Rücksicht einverleibt.

Ein Schaudern läuft mir übers Rückgrat. Wo soll das nur enden, wenn selbst die, die für das Ende zuständig sind, nicht mehr frei handeln können? Ist Unabhängigkeit nicht stets unsere größte Stärke gewesen?

Mit einem lauten Krachen fliegt die Bürotür auf. Wankend auf seine Sense gestützt, stolpert mein Gevatter herein. Er wirkt wie ein jämmerlicher Schatten seines eigenen fürchterlichen Abbildes, dass wenige Meter neben ihm auf dem Gemälde voll Stärke herabblickt.

»Übernahme, wir haben verkauft«, krächzt er mir entgegen. »Tut mir leid, Junge, ich musste es tun, bevor die Blase platzt.« Mir wird ganz schlecht.

»Übernahme? Du hast den Tod vertickt?« Als hätte meine entsetzte Frage ihm die letzte Kraft entzogen, bricht mein alter Herr zusammen. Sofort bin ich bei ihm. Leise höre ich ihn vor sich hinkichern.

»Sollen sie doch sehen, was sie davon haben, sollen sie es

doch sehen. Tod sein macht auf Dauer nicht glücklich, aber wir, Sohnemann, wir sind jetzt reich. Verstehst du? Reich! REICH!« Brunhilde fängt auf einmal an, wie irre laut zu lachen, öffnet einen riesigen Koffer auf ihrer Ablage und schmeißt wie von Sinnen Geldscheine in die Luft.

»Gewinne, Gewinne, Gewinne!«, dröhnt es aus Lautsprechern an den Wänden. Der Raum beginnt, sich zu drehen, Münzen fallen ohne Vorwarnung klimpernd von der Decke und bedecken schon nach kurzer Zeit den gesamten Boden. REICH! In der Ferne spielt eine Posaune furchtbar schief die Melodie von *The winner takes it all*. REICH! Überall irres Gelächter, das Zimmer dreht sich schneller und schneller, alles versinkt in Münzen und Scheinen. Mit einem lauten Krachen zerbricht die Sense meines Gevatters unter dem Gewicht des Geldes, Atemnot, überall Schwärze, dann der unvermeidbare Knall.

Finsternis.

Schweißgebadet wache ich auf. Der Mondschein fällt sanft durchs Fenster, ein Uhu sendet seinen bekannten Ruf durch die Nacht.

»Es war ein Traum, nur ein dummer Traum«, versuche ich mich zu beruhigen. Niemand würde für so etwas Banales wie die sinnlose Anhäufung von Geld die Ordnung der gesamten Welt aufs Spiel setzen. Wie komme ich nur auf so einen Mist? Nach einigen Minuten versinke ich wieder in den Schlaf. Diesmal traumlos und so fest, dass ich nicht mitbekomme, wie die Realität mit ihrer zerdellten Posaune einsam unten an der Straße auf dem Bordstein sitzt und leise vor sich hinweint.

Das Märchen vom Fährmann und seiner Frau

Es war einmal ein Fährmann, der fuhr mit seinem alten Kahn tagein, tagaus Reisende über den gewaltigen Fluss vor seiner Haustür. Er hatte nie einen anderen Beruf erlernt, denn er konnte sich nichts Schöneres vorstellen, als auf dem Wasser zu arbeiten und jeden Abend bei seiner Rückkehr schon in weiter Ferne die winkende Gestalt seiner wartenden Frau am Ufer stehen zu sehen. Der Fährmann liebte seine Frau mindestens ebenso sehr wie das Rauschen des Flusses, denn beide begleiteten ihn zärtlich in den Schlaf und beide waren da, wenn er am nächsten Morgen aufwachte.

Eines Tages jedoch begegnete ihm vor seiner letzten Überfahrt ein gar ungewöhnlicher Mann mit einem Schlapphut, der dem Fährmann ein außergewöhnliches Geschäft vorschlug.

»Ich habe auf der anderen Seite einen Auftrag zu erledigen. Nur besitze ich leider kein Gold für die Fahrt. Jedoch werde ich, wenn du mich sicher hinüberbringst, dein Leben verlängern, bis dieser Fluss nicht mehr fließt und seine Quellen versiegen.«

»Wer bist du, dass du so etwas versprechen kannst?«, fragte der Fährmann skeptisch. Seit er denken konnte, gab es diesen Fluss, und schon sein Vater und dessen Vater reisten auf diesem Strom. Ein Leben, das so lang andauern sollte wie das dieser Naturgewalt, musste ewig währen.

»Ich bin der Tod«, antwortete der Fremde, »und sei gewiss, ich gebe dir mein Wort.«

»Nun denn, so gebe ich dir auch meines«, schlug der Seemann ein, und der Pakt galt als besiegelt. Der Fährmann schätzte sich glücklich, denn es dunkelte bereits am Himmel und er hätte den Weg auch ohne den Reisenden zurücklegen müssen. Es war Zeit für den Heimweg, und er sehnte sich nach seiner Frau.

Als, wie jeden Abend, ihre Silhouette am Horizont erschien, winkte er ihr zu und erklärte seinem Gast: »Meine Gemahlin, sie ist mein ganzes Glück.« Der Tod nickte und sprach: »Ich weiß, sie ist der Grund für meine Reise.« Dem Fährmann gefror sein Lächeln, denn ihm wurde auf einmal bewusst, dass er seiner Liebe gerade den Tod mit nach Hause gebracht hatte.

»Nein, das darf nicht sein«, rief er verzweifelt. Er warf sich vor die Füße des Todes, flehte, weinte und bettelte um Gnade, doch der Tod ließ sich nicht erweichen. Da unternahm der Fährmann einen letzten Versuch.

»Sicher kannst du die Unterstützung eines erfahrenen Seemanns auf deinem stetigen Weg zur anderen Seite vortrefflich gebrauchen. Ich biete dir Arbeit und Treue, so lang es mir möglich ist, nur hole meine Frau an einem anderen Tag.«

»Du wirst mir dafür dein Leben lang dienen?«, vergewisserte sich der Tod.

»Mein Leben lang«, bestätigte der Schiffer. Und kaum hatte er diese Worte gesprochen, verschwand der Tod von seinem Kahn, und sein Deck war leer, als wäre der Fremde niemals anwesend gewesen.

Seit diesem Abend verbrachte der Fährmann die meiste Zeit mit seiner Frau. Jedes Hahnenkrähen verkündete das Geschenk eines weiteren gemeinsamen Morgens, jede Stunde erschien ihm plötzlich unendlich kostbar. Zusammen fuhren sie nun auf der Fähre, reisten gemeinsam durch das Land, erfüllten sich alle Begehren, die sie früher stets auf später verschoben hatten und wurden schließlich im Angesicht des Todes alt und glücklich. Eines Tages, nach einem langen und erfüllten Leben, starb die Frau des Fährmanns in seinen Armen. Einen kurzen Moment wünschte sich dieser nichts sehnlicher, als mit ihr zu gehen, doch es *dauerte nicht lange und der Unbekannte mit dem Schlapphut erschien wieder und forderte seinen Tribut.*

»Wohlan«, begrüßte ihn der Tod, »ich erwarte deinen Dienst.«

Der Fährmann dachte an seine Frau, die geschenkte Zeit, die sie verbringen durften und musste lächeln. Dankbar, wie in einem Traum versunken, kämmte er sich seine beiden letzten verbliebenen Haarsträhnen über die Glatze und bestieg mit der Erinnerung der letzten Jahre sein Schiff, denn die ersten Seelen warteten bereits auf ihre Überfahrt.

Und so fuhr er sie. Tag für Tag. Sein Leben lang.

Und da er nie gestorben ist, so fährt er sie noch heute.

Legenden des Jenseits, Band XVI: Der ewigen Charon-Mythen und Sagen um den treuen Schatten der Familie Tod, Autor Hades von der Heyde, Seite 44 ff., verwahrt in der Großen Himmelsbibliothek auf der anderen Seite, Wolke 7, Regal 12.

Tod in der Polizeikontrolle

Blaulicht. »Ausgerechnet jetzt, wo ich es eilig habe.« Ich fahre den Wagen rechts ran und kurbele das Fenster quietschend herunter. Ein fast noch jugendlich wirkender Beamter taucht an meiner Fahrertür auf.

»Schönen guten Abend, allgemeine Fahrzeugkontrolle.«

»Bei mir ist alles in Ordnung, danke der Nachfrage.«

»Na, das ist aber schön. Fahrzeugpapiere und Führerschein, bitte.«

»Oh, wie spannend. Das ist das erste Mal für mich, verstehen Sie? Ich hab meinen Führerschein noch nicht sehr lange.«

»Noch in der Probezeit?«

»Ja, aber jetzt schauen Sie nicht so streng. Wissen Sie, ich bin zweimal durch die Prüfung gerasselt, bloß weil mein verdammter Fahrlehrer so nervös war.«

»Ihr Fahrlehrer war nervös?«

»Ja, kaum zu fassen, oder? Der hat mich mit seinen angsterfüllten Seitenblicken total hibbelig gemacht. Wie soll ich denn je ein sicherer Verkehrsteilnehmer werden, wenn stets alle in Panik geraten, wenn ich auch nur in die Nähe komme? Ich meine, ich bin doch auch nur ein Tod. Auf welche Weise soll ich mich denn sonst fortbewegen?«

»Äh, haben Sie was getrunken?«

»Oh ja, jede Menge. Ohne traue ich mich erst gar nicht mehr ans Steuer.«

»Na, das ist ja eine ehrliche Ansage. Dann muss ich Sie leider bitten, in dieses Röhrchen zu pusten.«

»Cool, das wollt ich schon immer mal machen.«

Ich blase kräftig in die Vorrichtung. Als sich nichts tut, befürchte ich bereits, dass ich schon wieder was kaputt gemacht habe. Das passiert einem als kleiner Tod ständig, wenn man seine Kraft noch nicht richtig einschätzen kann. Aber ich meine es nie böse. Der Beamte schaut ungläubig auf sein Messgerät.

»Null komma null Promille. Aber ... haben Sie nicht gesagt, Sie hätten einiges getrunken?«

»Klar, aber Sie haben mich ja nicht gefragt, *was*. Drei Liter Wasser am Tag entschlacken den Körper, mein Guter, das sollten Sie auch mal versuchen. Ach, und weil Ihre Kollegin gerade so schön mit der Taschenlampe meine Rückbank ableuchtet: Wenn Sie die Sense suchen: Die ist im Kofferraum.«

»Jaja, die Sense, schon klar ... Dann noch gute Weiterfahrt, und bauen Sie keinen Unfall.«

»Das hatte ich heute auch wirklich nicht vor. Warten Sie, ich schaue noch mal in den Terminkalender. Nein, nix geplant. Kein Unfall. Ganz ehrlich.«

»Das wollte ich Ihnen auch nicht unterstellen. Das ist nur so eine Floskel bei uns zur Verabschiedung.«

»Okay, dann ebenso gute Weiterfahrt, und bauen Sie doch mal einen Unfall.«

»Wie bitte?«

»Ach, das ist eben bei uns nur so eine Floskel. Für *auf Wiedersehen*.«

Die Vanille-Idee

»Haben Sie alles notiert, Brunhilde?« Die Vorzimmerdame nickt gehorsam. Mein Gevatter nimmt ihren anschließenden Hustenanfall zum Anlass, das wöchentliche Meeting zu schließen. »Dann haben wir's für heute, oder? Gibt es noch Anmerkungen?« Keiner sagt etwas. Roswitha Putz trommelt nur mit ihren Fingern ungeduldig auf der Tischplatte herum, als könne sie es gar nicht erwarten, wieder an den Arbeitsplatz zurückzukehren, um ihre Abteilung erbarmungslos zu neuen Höchstleistungen anzutreiben. Charon unterdrückt mühsam ein Gähnen. Als sich gerade alle erheben wollen, melde ich mich zu Wort.

»Moment. Ich hätte da noch was.« Ein allgemeines Stöhnen geht durch den Konferenzraum, es ist nicht meine erste Anmerkung bei der heutigen Versammlung. Mein Gevatter lässt sich genervt wieder in seinen Sessel am Ende des Bürotisches fallen. »Mein eifriger Sohnemann, natürlich. Wer auch sonst?« Ich versuche mich von der negativen Stimmung nicht beeinflussen zu lassen und schlage betont selbstsicher meine Mappe auf.

»Hier sind einige Manuskripte mit Vorschlägen zur Verbesserung unseres Images.«

»Nicht schon wieder!«, beschwert sich Roswitha und rümpft ihre ohnehin schon krumme Nase. Meine Handouts werden widerwillig herumgereicht.

»Die Vanille-Kampagne? Was soll das denn sein?«, lacht einer von der Logistikabteilung.

»Das, meine Damen und Herren«, sage ich stolz und erhebe mich, »ist der Weg in eine neue Zukunft. Weg von dem düsteren, schwer vermittelbaren Auftreten, hin zu mehr Freundlichkeit und Kundenorientierung.« Es wird unruhig im Raum.

»Und was hat das mit Vanille zu tun?« Ich vermute hinter dem lauten Zwischenruf Jan Fritschmann, der mir noch immer die Sache mit dem Absturz der Telefonleitungen in meiner ersten Ausbildungswoche nachträgt.

»Geduld, Geduld, meine Lieben! Stand schon mal jemand in der Küche eines Fastfood-Restaurants? Nein? Ein erbärmlicher Gestank, kann ich euch sagen. Würden die Gäste auch nur einen Hauch von dem Originalgeruch des Matsches in die Nase bekommen, den sie dort so exzessiv in sich hineinstopfen, die Unternehmen und Ketten würden reihenweise pleitegehen. Was machen die Betreiber also? Sie mischen ihren Speisen gigantische Mengen von Geschmacks- und Geruchsaromen bei. Und voilà: Auf einmal interessiert es keinen mehr, was er da isst, Hauptsache es schmeckt. Und genau da müssen wir ansetzen.«

»Wir sollen besser schmecken?«

»Naja, fast. Zumindest müssen wir uns den Kunden schmackhafter machen. Wenn alles nach Verwesung muffelt, es eisig kalt wird, wenn wir kommen, und man die Kundschaft dann auch noch anbrüllt« – ich schaue bei diesem Punkt demonstrativ zu meinem Gevatter –, »dann ist es kein Wunder, dass keiner mehr Lust hat, mit uns zu arbeiten.«

»Und was schlägst du stattdessen vor?«, fragt mein Gevatter betont gelangweilt.

»Vanille!«

»Vanille?«

»Gott, ist das lächerlich.«

»Nein, nein. Es funktioniert, da bin ich mir sicher. Verbindet irgendwer etwas Negatives oder gar Böses mit Vanille? Genau, niemand. Ich meine, das ist unsere Chance. Wir könnten danach duften, bei Hausbesuchen Vanille-Tee oder -Eis anbieten, wir könnten einen Vanille-Pudding in unser Logo aufnehmen, es gibt sogar Nebel mit Vanille-Note. Wäre es nicht sagenhaft, wenn die Leute dächten: Oh, es duftet nach Vanille, das muss dann wohl der Tod sein? Dann haben wir sie, denn so können sie gar nicht mehr schlecht über uns denken. Wir müssen ein freudiges Event aus unserem Besuch machen.« Tumult entsteht.

»Schwachsinn«, höre ich, »das ist ja schlimmer als die Idee mit dem Konfetti letzte Woche!«

»Wo bleibt denn da die Tradition?« Alle diskutieren lautstark.

»Ruhe!«, ruft mein Gevatter schließlich bestimmend, und die Gespräche verstummen. »Damit wir hier alle rechtzeitig rauskommen, mach ich's mal kurz. Junior, schöne Idee, wirk-

lich klasse Vorschlag, toll wie kreativ du bist, wirklich beeindruckend. Aber leider, leider mal wieder komplett am Thema
vorbei. Unser Unternehmen basiert auf Angst und Schrecken.
Meinst du, irgendwer würde uns ernst nehmen, wenn wir
Vanille-Törtchen verteilten? Denkst du, die Waffenindustrie
würde auch nur einen Cent in uns investieren, wenn wir bei
den Verhandlungen riechen wie ein Hinterhofpuff an der Ora-
nienburger?« Jan Fritschmann beginnt lautstark zu kichern.
»Außerdem, mein kleiner Mister Übereifer, überschätzt du
die Wirkung deiner abstrusen Idee maßlos. Niemand würde
eine Klobürste als Kuscheltier benutzen, nur weil sie auf einmal wunderschön duftet.« Alle lachen, Applaus brandet auf.
Mein Gevatter genießt den Zuspruch, steht dann schließlich
gestenreich beschwichtigend auf und verkündet im Stile eines
großherzigen Patriarchen: »Und jetzt, meine Lieben, ist Feierabend. Aus die Maus. Klappe zu, Affe ...«

»... tooot!«, rufen fast alle Bediensteten gemeinsam und beginnen, erneut begeistert zu klatschen, als hätte Tod senior
gerade offiziell die Sterbepflicht eingeführt. Mir überlegen zu-
nickend und im anhaltenden Beifall der Mitarbeiter verlässt
der Chef der Tod GmbH den Konferenzraum. Nach und nach
folgen ihm alle anderen, manche klopfen mir kopfschüttelnd
auf die Schultern, Jan Fritschmann geht mit einem breiten
Grinsen an meinem Platz vorbei.

»Versuch's doch nächstes Mal einfach mit Mango-Pfirsich.«
Ein Papierflieger, gefaltet aus meinem Vanille-Manuskript,
landet direkt vor mir auf dem Tisch. Ich bleibe alleine zurück.

»Die schwarze Königin hat also dein Herz erobert, kleiner
Tod.« Erschrocken fahre ich zusammen. Charon steht neben
mir.

»Wie? Was? Welche schwarze Königin?«

»Vanille. Die Königin der Gewürze.«

»Ja, ich weiß, eine blöde Idee. Ich habe nicht zu Ende gedacht, und das sollte ein Tod immer tun. Regel 27. Du hast es mir beigebracht.«

»Richtig, das stimmt, denn hättest du dich ein wenig mehr damit beschäftigt, dann wüsstest du, dass dein Einfall mehr Potential hat, als du es bisher selbst geglaubt hast.« Zweifelnd schaue ich dem Zweisträhnigen in seine wachen Augen.

»Echt jetzt?«

»Echt. Weißt du, woher Vanille ursprünglich kommt?«

»Nein«, gestehe ich und fühle mich mal wieder schrecklich uninformiert, »neue Welt?«

»Gar nicht schlecht. Mexiko. Schon mal den Namen Tzacopontziza gehört?« Ich schüttele den Schädel.

»Der Legende nach hieß genau so eine Prinzessin der Totonaken, einem uralten Volk, das einst von den Azteken unterworfen wurde. Und wie es in solchen Mythen üblich ist, handelte es sich dabei nicht um irgendeine Prinzessin, sondern gleich um die schönste Frau, die das Land je erblickt hatte. Nun erwartet man allerdings von solchen Mädchen zu ihrem eigenen Leidwesen meist die größten Tugenden und Entbehrungen, dabei wissen wir beide, dass gerade ein junges Herz viel lieber frei und ungebunden durch die Welt fliegen möchte. Und so kam es, wie es kommen musste: Prinzessin Tzacopontziza verliebte sich in einen Jungen, und gemeinsam flohen sie aus dem starren Käfig der Regeln und Vorschriften hinaus in ein eigenes Leben. Sie kamen jedoch nicht weit. Fanatische Priester sahen in ihrer Flucht einen unverzeihlichen Frevel gegenüber den Göttern und machten Jagd auf die beiden Liebenden. Schließlich fanden sie das gesuchte Paar schlafend auf einer Lichtung mitten im Wald. Ohne zu zögern enthaupteten sie beide und rissen ihnen die Herzen aus den Leibern.« Mit offenem Kiefer blicke ich erschrocken den Zweisträhnigen an.

»Das ist ja schrecklich. Und ... und dann?«

»Als am nächsten Morgen die Sonne aufging und das Blut im Boden versickert war, spross eine kleine Knospe aus dem Körper der Prinzessin. Innerhalb weniger Tage wuchs er zu einem meterhohen Strauch heran, in dem dichtes Blätterwerk wucherte und dessen Äste von einer smaragdgrünen Pflanze umrankt wurden, an denen zarte gelbgrüne Orchideen erblühten. Dieses wundersame Schauspiel lockte Bewunderer aus dem ganzen Land an, die in diesem Naturereignis das Weiterleben der gestorbenen Liebenden zu sehen glaubten. Als die Orchideen schließlich erstarben, bildeten sich schlanke Schoten, die einen Duft verströmten, der betörender und anmutiger war als jedes bisher bekannte Aroma der Welt.«

»Vanille?«

»Du sagst es. Entstanden aus Liebe, Tod und dem festen Willen zur Veränderung. Deine Idee.«

Aus dem Vanille-Manuskript: mögliche Werbeslogans

- Tod GmbH – Wir geben Ihrer Zukunft ein Zuhause!
- Vollendet, veredelter Spitzenabgang!
- Maximum Death – Mehr Tod geht nicht!
- Ich bin der Tod. Ich arbeite für Ihr Leben gern.
- Maybe you'll never know there's a life after life. Don't be a maybe. Be dead.

- Der Tod ist wie ein guter Wein: Seine Qualität erkennt man erst im Abgang.
- Todi & Freunde: Mit uns liegen Sie richtig!
- Achtung, dieser Exitus kann Spuren von Vanille enthalten!

Aus dem Tagebuch des kleinen Todes 3

Liebes Tagebuch,

ich könnte aus der Kutte fahren. Es gibt so viele Möglichkeiten in der Firma, aber auf mich hört einfach keiner. Alles läuft genau verkehrt herum. Im Betrieb lachen sie über mich, und bei der Arbeit fürchten sich alle vor mir! Tod sein ist so verdammt unangesagt. Aber jetzt hab ich den Kiefer gestrichen voll! Ich mach es wie diese Tzapo... Tchazca... ach, manno, halt wie diese mexikanische Vanille-Princess und hau einfach ab. Sollen die ihr blödes Sterben doch alleine machen, ich werde jetzt hip. Meinem Gevatter lege ich zum Abschied noch einen neuen Regelkatalog auf den Nachttisch. Vielleicht liest er ihn ja und denkt mal drüber nach. Und wenn er nix ändert, komme ich wieder und übernehme den Laden. Das wird Drohung genug sein. Hier die ersten Paragraphen:

§ 1 Kutten werden abgebügelt und zusammengefaltet, keine Kunden (siehe neuer Service-Guide).

§ 2 Freundlichkeit und positive Ausstrahlung sind keine Versehen, sondern Grundvoraussetzungen für eine Anstellung bei der Tod GmbH.

§ 3 Eine Katze als Freundin zu haben, die wie eine Hand aussieht, gilt nicht als ungewöhnlich oder gar verrückt. Die Würde der Katze ist unantastbar. Es ist außerdem strikt verboten, ihre Echtheit in irgendeiner Weise in Frage zu stellen.

§ 4 Gruselige Zombie-Mitarbeiter wie Roswitha Putz werden an die
Volksmusik oder das öffentlich-rechtliche Fernsehen vermittelt.

§ 5 Alle Mitarbeiter sind verpflichtet, mindestens einmal in der Woche
die Blockflöten AG zu besuchen.

§ 6 Jeder Sterbende hat das Recht auf eine letzte Partie eines Spiels
seiner Wahl. Tischtennis, Mau-Mau, Schach, egal. Wer nie gern in
seinem Leben gespielt hat, muss umgehend mitgenommen werden,
denn der ist vermutlich schon sehr lange tot.

Mehr ist mir noch nicht eingefallen. Aber ich denke, damit kann man
was anfangen. Morgen beginnt mein Leben nach dem Tod. Spannend,
was? Aber nun ab ins Buch, wir müssen morgen fit sein. Schlafe gut
und ruhe sanft,

dein ein bisschen aufgeregter Todi

Aus dem Fotoalbum des Todes 1

Mein Tagebuch und ich

Wenn mal einer flöten geht ...

Ein ganz normales Haustürgeschäft

Mautzi und ich

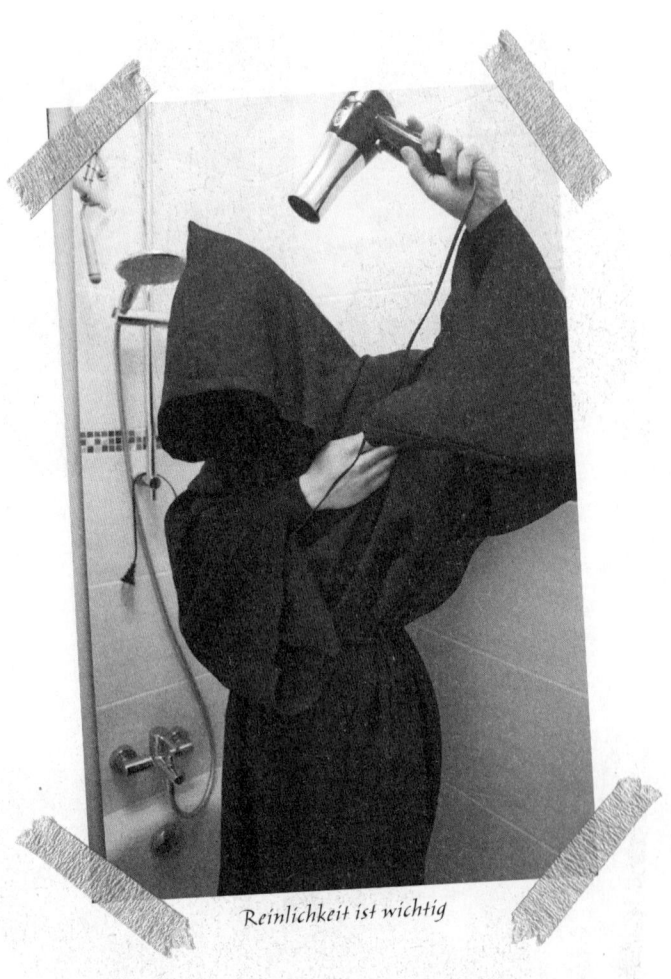

Reinlichkeit ist wichtig

Oft fährt der Bus einfach vorbei, wenn
ich an der Station warte ...

... dann muss ich trampen.

Auf eigenen Gebeinen

Der Tod zieht ein

»Hast du denn schon WG-Erfahrung?« Verdammt, was für eine fiese Frage. Nervös rutsche ich auf dem unbequemen Klappstuhl hin und her.

»Mh, naja, gewissermaßen könnte man sagen: Ich komm grad aus 'ner WG. Hab viele Jahre mit meinem Gevatter zusammengelebt.« Betretenes Schweigen in der Runde. Yvonne blickt vielsagend zu ihren Mitbewohnern.

»Och nee, einer, der noch zu Hause wohnt«, entfährt es Thomas. Er steht auf und holt sich kopfschüttelnd sein inzwischen drittes Bier aus dem Kühlschrank. Für ihn scheine ich im Casting für das freie Zimmer schon durchgefallen zu sein. Unglaublich, wie leichtfertig es sich einige mit dem Tod verscherzen.

»Aber irgendwo muss er ja mal anfangen«, gibt Svenja zu bedenken. »Außerdem find ich sein Outfit ziemlich lässig.« Das Mädel scheint auf meiner Seite zu sein. Auch wenn sie ein wenig unheimlich wirkt mit ihren langen, dunklen Haaren, der weißgepuderten Haut und ihren übertrieben schwarzgeschminkten Augen. Außerdem hat sie ein Piercing mitten in der Wange stecken, das bei mir schon beim Hinschauen Schmerzen verursacht. Als mir Svenja vorhin die Tür öffnete, wäre ich am liebsten sofort wieder umgekehrt und weggelaufen. Das passiert sonst eigentlich eher umgekehrt. Sie hat mir dann auch noch direkt an der Haustür angeboten, dass ich sie *Morathi* nennen könne, weil sie unter diesem Namen als Drow, eine Art Dunkelelfe, durch virtuelle Welten ziehen würde und Svenja im Grunde nur der Name ihrer bürgerlichen Hülle sei. Dann hat sie mir noch irgendeinen fremdländischen Satz auf vermutlich Dunkelelfisch entgegengerufen und war ganz enttäuscht, dass ich ihren Gruß nur mit »dito« erwidern konnte.

»Was machst du denn beruflich?«, nimmt mich Yvonne wieder ins Verhör. Die Blondine mit dem Pagenschnitt scheint in dieser Dreier-WG die Hosen anzuhaben. Im Gegensatz zu der mit beiden Beinen über der Sessellehne fläzenden Svenja sitzt Yvonne akkurat am Küchentisch und macht sich nach jeder meiner Antworten Notizen. Das macht mich schon ein wenig nervös. Verkehrte Welt! Normalerweise kommen die Menschen bei mir ins Schwitzen.

»Eigentlich sollte ich den Betrieb von meinem Alten übernehmen«, versuche ich betont locker zu wirken »aber irgendwie hab ich da grad überhaupt gar keine Lust mehr drauf. Ich will was Eigenes. Nicht so was Konservatives.«

»Klingt gut. Aber was willst du jetzt machen?« Thomas wirkt weiterhin skeptisch. Mit einem Zischen öffnet er seine Bierflasche und schaut mich dabei fragend an. Ich zucke bloß mit den Schultern und merke selbst, dass meine Vorstellung nicht sonderlich beeindruckend ist.

»Also ich hab schon Erfahrung im Pflegedienst, aber ich hab nix Konkretes in Aussicht und werde mich wohl vorübergehend mit ein paar Nebenjobs über Wasser halten müssen.«

Ojeojeoje, sagen mir die Blicke in der Runde. Planlose Zukunft, kein sicheres Einkommen, direkt von zu Hause kommend und dann noch mit dem Vatter zerstritten. Meine Argumente scheinen wahrlich nicht die besten.

»Gut, ich glaube, wir hätten dann auch erst mal alles«, will nun auch Yvonne einen Schlussstrich unter meine kümmerliche Vorstellung setzen. Eine Fliege saust vor ihrem Gesicht herum. Verärgert versucht sie, das lästige Insekt mit ihren Händen zu vertreiben.

»Mistvieh.« Ich schnippe reflexartig mit den Fingern und die Fliege fällt wie ein Stein zu Boden. Alle gucken schlagartig in meine Richtung.

»Ups«, sage ich bloß, »sorry, alte Gewohnheit.« Die Blicke der WG-Bewohner wandern unsicher zwischen mir und dem regungslosen Insekt hin und her. Ich sehe meine Chance kommen.

»Naja, wenn es euch irgendwie hilft: Ich kann das auch regelmäßig machen.« Keiner sagt etwas.

»Oder ... oder eure Betten von Milben befreien.« Nur Svenjas linke Augenbraue schiebt sich langsam nach oben.

»Oder mich um die Bakterien im Bad kümmern. Das geht ruckizucki. Schimmel an der Wand? Kein Problem. Das Unkraut in der Topfpflanze? Zack, erledigt. Mücken im Sommer? Pustekuchen.« Yvonne ist die Erste, die sich wieder unter Kontrolle zu haben scheint und ihre Sprache zurückgewinnt.

»Und das kannst du alles wirklich?« Ich nicke eifrig. Thomas starrt noch immer auf die Fliege am Boden.

»Ab-ge-fahr'n!«

»Also, ich weiß ja nicht, wie ihr das seht«, meldet sich jetzt auch Svenja zu Wort und deutet mit einem ihrer schwarzlackierten Fingernägel direkt auf mich, »aber ich will den da unbedingt haben und meinen Freunden zeigen.«

»Du hast keine Freunde, Svenja«, gibt Yvonne trocken zurück und wendet sich dann wieder mir zu.

»Okay, keine Ahnung wie du das gemacht hast, aber dein kleiner Trick ist zugegeben recht beeindruckend. Sagen wir so: Wenn du tatsächlich den Putzdienst im Bad übernimmst, dich regelmäßig um Fruchtfliegen, Spinnen und Mücken kümmerst und ein Auge auf die lebendig werdenden Dinge in Küche und Kühlschrank bei uns wirfst, ganz ehrlich, dann bist du dabei.« Ein kurzer Jubelschrei der Erleichterung dringt unter meiner Kutte hervor. Erst Pflegedienst, jetzt Putzkraft, das Leben scheint in mir ein Talent zum Saubermachen entdeckt zu haben. Aber in mir überwiegt eindeutig die Freude, das Ruder gerade noch einmal herumgerissen zu haben. Herkunft sei Dank. Vielleicht ist es ja doch gar nicht so schlimm, Tod zu sein.

»Ach, was du vielleicht noch wissen solltest: Hier macht jeder sein eigenes Ding. Keiner schränkt den anderen ein. Leben und leben lassen, verstehst du?« Dieser Leitsatz könnte bei penibler Auslegung ein Problem werden, denke ich mir und schaue auf die reglose Fliege, spare mir aber einen entsprechenden Kommentar.

»Und wir machen jeden ersten Mittwoch im Monat einen gemeinsamen WG-Abend. Kochen, DVD-Abend ...«

»... Rollenspiele ...«, ergänzt die Teilzeit-Dunkelelfe.

»... Party ...«, wirft Thomas ein und prostet mit seinem Bier in die Runde.

»... oder einfach nur Quatschen. Aber es ist obligatorisch«, vollendet Yvonne streng, »hast du ein Problem damit?«

»Nein, nein«, antworte ich schnell, denn ich brauche dringend eine Bleibe. Mein größter Albtraum wäre es, mit eingezogener Sense wieder zurück zu meinem Gevatter geschlichen zu kommen, um zugeben zu müssen, dass ich es doch nicht geschafft habe, auf eigenen Knochen zu stehen.

»Und du heißt wirklich ... Tod?«, fragt Svenja völlig fasziniert.

»Ja, ungewöhnlich, oder?«

»Ne, heisssss ...«, antwortet sie nur und rollt mit den Augen. Thomas hält mir auf einmal anerkennend sein halbleeres Bier hin, während Yvonne ihre Notizen fein säuberlich abheftet und den Vertrag vorbereitet.

Gruselig, wirklich gruselig, diese Menschen. Allerdings hat Charon einmal gemeint, dass auf den ersten Blick immer alles Neue irgendwie unheimlich wirken würde. Nur wer sich traue, öfter hinzuschauen, könne das Liebenswerte hinter allem Fremden entdecken.

Ich lächele unsicher und schaue noch mal genau hin. Eine dominante Superkorrekte, ein dauertrinkender Party-Nörgler und eine durchgeknallte Gothic-Elfe. Wahrscheinlich hätte es wirklich schlimmer kommen können. Vielleicht auch nicht. Bloß wer soll in Zukunft bei einem arbeitslosen Tod an etwas Positives glauben, wenn ich es selbst schon nicht bei anderen wage? Ich schnappe mir also das Bier aus Thomas' Hand, rufe Svenja ein euphorisches »Morathi for Elfenkönigin« entgegen und signalisiere Yvonne mit einem Militärgruß die Anerkennung der vorherrschenden Hierarchien.

Na dann, Prost.

Auf die WG des Todes.

1. Mitbewohner zum Rauchen animiert.
2. Föhn versehentlich in die Dusche gelegt.
3. Um Mitternacht Blockflöte geübt.
4. Sense im Fahrstuhl vergessen.
5. Postboten zu Tode erschreckt.
6. WC mit penetranten Vanille-Duftsteinen versehen.
7. Grillparty im Zimmer veranstaltet.

Kochen mit dem Tod

»Das ist übrigens unser neuer Mitbewohner. Tini, der Tod. Tod, Tini.«

Ich stelle schnell den Kochtopf auf den Herd und schüttele unserem Gast die Hand.

»Der Tod?« Mein Name wirkt auf Yvonnes Besuch Tini anscheinend ein wenig befremdlich. Aber daran bin ich gewöhnt.

»Ja, genau, der. Klingt aber schlimmer als es ist. Wirklich.« Unsicher schaut Tini zu ihrer Freundin.

»Und der Tod kocht grad für uns?« Ich hebe beschwichtigend den Kochlöffel.

»Nix Besonderes, nix Besonderes, bitte keine großen Erwartungen. Nur Nudeln mit Tomatensoße. Ganz schlicht.« Mit einem lauten Zischen quillt das Wasser im Topf über. Tini zuckt zusammen. »Ach, verdammt.« Fluchend nehme ich den Deckel vom Topf, lasse ihn aber überrascht von der Hitze mit einem lauten Scheppern fallen, was Tini erneut dazu bringt, wie ein schreckhaftes Pony zur Seite zu hüpfen. Yvonne kichert wegen der Nervosität ihrer Freundin.

»Keine Sorge, Tini, er kocht öfter für uns, und wir sind alle noch am Leben.«

»Na, das beruhigt mich jetzt aber total! Wie kann man denn bloß auf die Idee kommen, *den Tod bei sich einziehen zu lassen?*« Ich zwinkere meiner Mitbewohnerin zu.

»Yvonne, hast du mir eigentlich die Leber von Frau Müller unten besorgt?«

»Klar, liegt im Kühlschrank.« Tini wird ganz weiß im Gesicht, Yvonne lacht.

»Mensch, Tini, Frau Müller ist die Fleischerin bei uns an der Ecke.«

»Ach so. Ich dachte schon ...«

»Nein, nein, alles frisch. Sie ist gestern erst gestorben.«

»Was?«

»Nein, stimmt nicht«, sage ich schnell. Tini wirkte erleichtert.

»Es war vorgestern.«

»Ey, das ist langsam nicht mehr witzig«, protestiert sie.

»Oh, ja, ich musste mich auch erst dran gewöhnen«, pflichte ich unserem Besuch bei, »diese WG hat einen recht makabren Humor. Nichts für zarte Gemüter wie uns beide.« Yvonne grinst über das ganze Gesicht.

»Du bist heute aber auch dünnhäutig.«

»Sorry, dass ich mich erst noch dran gewöhnen muss, dass du jetzt mit dem Tod zusammenwohnst.« Tini verschränkt die Arme vor der Brust und schmollt.

»Ziemlich privilegiert. Die wenigsten bekommen die Zeit, sich erst an mich zu gewöhnen.«

»Danke, ich fühle mich wirklich geehrt.« Ich halte ihr als Friedensangebot ein paar Nudeln mit der Gabel hin.

»Na? Mal probieren?« Immer noch verärgert, aber schließlich durch meine liebevolle Geste erweicht, nimmt sie einen Bissen und kaut grummelnd darauf herum. Völlig entsetzt guckt Yvonne ihre Freundin an.

»Ach, du Scheiße, du hast das doch nicht wirklich runtergeschluckt, oder?«

»Was denn, was denn, was denn?«, ruft Tini panisch und spuckt würgend die halbzerkauten Nudeln auf den Boden. Yvonne kringelt sich schon wieder vor Lachen.

»Na, die Nudeln sind doch noch gar nicht al dente, meine ich.«

»Nee, nee, nee.« Ich zeige empört auf die ausgespuckten Essensreste. »Und in Afrika sterben die Menschen vor Hunger.« Tini springt plötzlich auf.

»Wisst ihr was? Ihr könnt mich mal. Esst euren blöden Leichenschmaus doch alleine.« Wutentbrannt stürmt sie aus der Wohnung. Yvonne und ich schauen ihr eine Weile verwundert nach.

»Wie intolerant«, sage ich schließlich. »Aber gut, ich hab eh nur für zwei gekocht. Wusste ja nicht, dass du Besuch mitbringst.«

»Ich weiß, hab's gesehen. Dachte aber, es wäre unhöflich, sie einfach wieder auszuladen.«

»Gut, dass wir feinfühlig genug sind, solche Situationen eleganter zu lösen. Hunger?«

»Und wie!«

Ich gieße gekonnt das Wasser ab, haue schwungvoll den gesamten Inhalt einer Dose Tomatensoße in den Topf und verteile zwei große Portionen auf unsere Teller. An mir ist ein echter Sternekoch verloren gegangen, denke ich stolz, während ich unsere Speise noch mit einigen welken Blättern unserer arg vertrockneten Basilikumpflanze verziere.

»Guten Appetit, meine Liebe. Ach, und verschluck dich nicht.«

»Na, dann pass halt auf mich auf«, kommentiert Yvonne trocken und beginnt sorglos ihr Mahl. »Denk immer dran: ich bin die Hauptmieterin, wenn ich verrecke, kannst du dir sofort 'ne neue Wohnung suchen.«

»Ach, verdammt, du gönnst mir ja überhaupt keinen Spaß. Ein Tod hat auch Bedürfnisse.«

»Sag mal, hast du Vanille in die Soße getan? Das ist ja widerlich!«

»Ph, morgen kochst du wieder.«

»Okay. Tiefkühlpizza?« Wir müssen beide lachen.

»Ein Wunder, dass wir uns bei deiner Ernährung nicht schon früher begegnet sind.«

»Nee, früher hab ich gesünder gelebt. Du bist einfach ein ziemlich schlechter Einfluss.«

»Danke«, gebe ich kauend zurück, »ein Tod tut eben was er kann.«

Zum Sterben langweilig

741.

Ich starre noch ein wenig auf die Zahl, doch sie lässt sich von meinem bösen Blick nicht irritieren und bleibt stur bei ihrer Meinung. Das muss man sich mal auf dem Kiefer zergehen lassen: siebenhunderteinundvierzig! Fast genauso viele Menschen sitzen neben mir im Warteraum und harren beinah bewegungslos der Dinge. Über solche Zuschauerzahlen würde sich jeder Gottesdienst freuen. Und selbst dort wäre die Stimmung wahrscheinlich sehr viel besser als hier im Jobcenter.

Alle haben wie ich brav und ohne Murren eine Nummer gezogen. Die Anzeige thront erhaben über der Eingangstür und bestätigt meine schlimmsten Befürchtungen. Es wird ein quälend langer Tag werden, denn wir sind gerade erst einmal bei der 587. Circa alle drei Minuten springt die Zahl dann eine Ziffer weiter und signalisiert den nächsten freien Schalter. Ich vermeide bewusst, die vermutliche Wartezeit auch nur im Ansatz zu errechnen, da ich befürchte, mich könnte nach dieser Erkenntnis jeglicher Todesmut verlassen.

Die erste halbe Stunde versuche ich mir mit dem gleichen Unterhaltungsprogramm zu versüßen, dem auch die meisten anderen Anwesenden frönen. Ich starre an die Wand. So sehe ich zum Beispiel bereits nach zehn Minuten einen Fleck, der mir so auf Anhieb gar nicht aufgefallen wäre. Als ich meinem Nebenmann schon begeistert von meiner Entdeckung berichten will, merke ich, dass der bereits eingeschlafen ist. Ich schüttele den Kopf über diesen Mangel an Zielstrebigkeit. Charon hat einmal gesagt: »Wer nicht mit offenen Augen durchs Leben geht, der wird niemals empfänglich sein für die Geheimnisse dieser Welt.«

Ich bin mir sicher, er hat damit genau diesen Fleck gemeint.

Oha, wir erreichen Nummer 598. Die Gesichter der bereits länger in diesem Elend Wartenden sehen so aus, als würden sie schon komplett in Ekstase geraten, wenn hier einfach nur mal jemand lautstark anfangen würde zu husten. Hauptsache, es passiert endlich auch nur irgendetwas. Gestern habe ich in der Zeitung gelesen, dass Langeweile ein reines Luxusproblem der westlichen Welt sei. Das sollte ich gleich mal all diesen Schlafmützen unter die Nase reiben. Nur weil sie vom Wohlstand verweichlicht mit Multitasking und Dauerberieselung aufgewachsen sind und völlig verlernt haben, auch nur eine Sekunde mit Nichtstun zu verbringen, ist das noch lange kein Grund, so trantütig hier in der Gegend rumzuhängen. Ja, das hätte ich am liebsten laut durch den Raum gerufen. Wenn mir selbst nicht so langweilig wäre. In solchen Momenten würde ich gern ein Affe sein. Denen ist nämlich nie langweilig, auch das hab ich gelesen. Die kennen dieses Gefühl überhaupt gar nicht. Die Glücklichen. Wahrscheinlich arbeiten deshalb so viele von denen auf deutschen Ämtern.

Himmel, ist das öde. Da bekomme ich schon automatisch ganz wirre Ideen. Ich könnte noch ein paar Nummern mehr an dem Automaten ziehen und sie dann am Eingang an Neuankömmlinge verkaufen. Je niedriger die Nummer je höher der Preis. Wenn die Menschheit wirklich so am Leben hängt, dann sollte man das als Tod auch mal ausnutzen. »Wie viel sind Ihnen drei Stunden Lebenszeit wert?« Beim Sterben immer jammern, aber jetzt nicht investieren wollen? Greifen Sie zu, solange Sie noch können. Die Uhr tickt. Mit dieser Geschäftsidee würde ich wahrscheinlich mehr Kohle machen, als mit allen anderen Arbeiten, die mir das Jobcenter anbieten kann. Und es gibt Bedarf ohne Ende, denn nicht nur hier, sondern auch auf Bürgerämtern, in Reisebüros, bei der Schufa oder sogar im Service-Center der Deutschen Bahn muss man inzwischen Nummern ziehen. Ich muss laut lachen. Der Tod errichtet einen Schwarzhandel für Lebenszeit. Wie paradox.

Einige der Herumsitzenden schauen mich ganz verstört an. Wahrscheinlich habe ich sie gerade geweckt. Im Prinzip könnte ich sie gleich alle vom Platz weg einstellen, immerhin wissen sie am besten, wie sinnvoll dieses Geschäft sein kann. Allerdings wäre das wiederum auch schön blöd: Potentieller Kundschaft einen Arbeitsplatz geben, ich meine, da mache ich mich ja selbst wieder arbeitslos, und dann würde ich erneut im Jobcenter landen und müsste mir von meinen eigenen Angestellten eine Nummer kaufen.

Verdammt, ich drehe mich im Kreis.

611.

Die Zeit rast.

Neben mir beginnt mein schlafender Leidensgenosse ungeniert zu schnarchen. Seinen Kopf hat er in den Nacken geworfen, seine Augen sind geschlossen, sein Mund steht offen wie ein Höllentor. In seiner kräftigen Hand hält er einen Zettel mit der Nummer 613 fest umklammert. Der Glückspilz, denke ich mir, gleich ist er dran. Hoffentlich verpasst er seinen Aufruf nicht, denn er schläft wirklich ziemlich tief. Und wer so tief pennt, der bekommt normalerweise gar nichts mehr mit. Ich versuche krampfhaft, auf keine niederträchtigen Gedanken zu kommen. Auch ein Tod besitzt moralische Grundsätze, und gerade unsere Familie ist hervorragend darin geschult, jeder möglichen Verlockung eiskalt zu widerstehen. Nein, kriminelle Gedanken sind mir absolut fremd. Außerdem habe ich die ziemlich schöne Zahl 741 erwischt; im Gegensatz dazu erscheint so eine banale 613 doch geradezu extrem reizlos. Wirklich außerordentlich unattraktiv. Nicht mal zwei Sekunden später haue ich dem Mann mit meiner Sense vor sein Knie, er schreckt auf, lässt den Zettel fallen, ich inszeniere eine theatralische Entschuldigungs-Zeremonie, gebe ihm meine Nummer, nehme seine und verlasse fluchtartig den Raum. Im Gang schnaufe ich dreimal durch. Es ist ein Notfall gewesen, ganz klar, eine ziemlich eindeutige Ausnahmesituation. Im Grunde habe ich sogar etwas Gutes getan, denn jetzt kann der arme Kerl mal so richtig schön ausschlafen. Als ich vorsichtig durch die Tür spähe, sehe ich auf der Anzeige, dass Schalter 32 jetzt für die 613 bereit steht. Ich schaue möglichst überrascht auf meinen Zettel.

»Na, so was, das bin ja ich!« Erleichtert mache ich mich auf zu meinem Schalter, naiv ahnungslos und im Gegensatz zu den schadenfroh grinsenden Wartenden völlig unwissend, dass im Jobcenter mit dem Erreichen des zuständigen Sachbearbeiters das Inferno der Schlafmützigkeit erst so richtig beginnt.

Ich versuche gleich Klartext zu reden.

»Jetzt nur mal rein vorsorglich. Falls ihre idiotische Spezies es doch schaffen sollte – und danach sieht es aktuell ja leider aus –, alles Leben auf der Erde irgendwann komplett zu zerstören und damit auch meine bisherige Ausbildung völlig überflüssig zu machen: Was haben Sie denn für Umschulungen im Angebot?«

Mein zuständiger Sachbearbeiter, den ein Namenschild als »Herbert Schulze« identifiziert, schaut mich wie erstarrt hinter seinem Schreibtisch sitzend an. Beim Breakdance, kommt es mir in den Sinn, nennt man diese Position Freeze. Vielleicht ist Herbert Schulze aber auch einfach nur mit offenen Augen eingeschlafen. Scheinbar eine der wenigen Grundvoraussetzungen, um in einem Jobcenter zu arbeiten.

»Haaaallo«, mache ich mich erneut bemerkbar, »mich können Sie nicht hinters Licht führen. Ich weiß ziemlich genau, dass Sie noch leben.« Ein fast unhörbares Seufzen dringt zu mir herüber. Schließlich antwortet eine träge Stimme, die mich unwillkürlich mit Müdigkeit erfüllt.

»Was haben Sie denn bisher beruflich gemacht?«

»Naja, charmant ausgedrückt würde ich es als eine spezielle Art der Familienzusammenführung bezeichnen. Nicht gerade ein Traumjob, aber ich will nicht meckern. Es gibt Schlimmeres.« Dabei schaue ich ihn ganz demonstrativ an. Herbert Schulze lässt sich davon nicht aus seiner morphiumgetränkten Fassung bringen.

»Sie können sicher sein, dass wir unser Bestmögliches versuchen, um Sie für den Arbeitsmarkt zu reanimieren.«

»Pfui Teufel, *reanimieren*! Mir gefällt Ihre Wortwahl nicht, Herr Schulze, aber von der Sache her sind wir uns einig.«

»Schön.« Pause. Jedes Wort scheint meinem Gegenüber echte Qualen zu bereiten.

»Wo denken Sie denn selbst, liegen Ihre Stärken?« Ich überlege.

»Mh. Ich kann gut mit Menschen umgehen, arbeite recht selbständig, bin hohe Belastbarkeit gewöhnt. Man sagt mir auch eine gewisse Zielstrebigkeit nach, außerdem habe ich Erfahrung in der direkten Kundenbetreuung, und wenn es eine Kompetenz darstellt, Leute dahin zu bringen, wo sie hin sollen, dann könnte man durchaus auch sagen, dass ich Führungsqualitäten habe.«

»Na, das ist doch schon mal was. In welche Branche würden Sie denn gerne wechseln?«

»Mh, Biochemie, Genforschung, irgend so was in der Art.«

»Bitte, was?«, fragt Herbert Schulze für seine Verhältnisse beinah schon energetisch.

»Ach, wissen Sie so eine Umschulung ist ja kein Zuckerschlecken. Eine vorbeugende Maßnahme wäre toll. Also hab ich mir gedacht, wenn ich dann in naher Zukunft schon ganz allein auf dieser völlig zerstörten Erde sitzen muss, weil Sie ihre ausufernde Umweltverschmutzung einfach nicht mehr in den Griff bekommen, dann wäre es doch klasse, wenn ich dank meiner Zweitausbildung die Fähigkeit hätte, neues Leben im Reagenzglas zu erschaffen, um dann auch wieder in meinem erlernten Beruf arbeiten zu können. Was meinen Sie?«

»Hä?«

»Ja sicher, natürlich könnte ich auch einfach warten. Aber ganz ehrlich: Evolution hin oder her, das dauert mir einfach zu lange. Ich möchte mein Zeitalter schließlich nicht damit vergeuden, jahrmillionenlang Einzeller im Ozean zu jagen, mit denen man nicht mal ein anständiges Gespräch führen kann.«

Mein Sacharbeiter schaut mich stumm an. Er ist anscheinend wieder in seinen Tagesschlaf verfallen. In manchen Momenten erscheint mir die Kommunikation mit Einzellern durchaus erstrebenswert. Ich werde wohl doch kellnern gehen müssen. Herbert Schulze bringe ich aber schnell noch auf die andere Seite. Klar, ich bin nicht mehr im Dienst, aber auch kein Unmensch, und so was, ganz ehrlich, das ist doch nun wirklich kein Leben hier.

Aufgehängt

Ich stehe vor der Tür und lausche.

Es klappert und poltert.

»Ich mach dich alle, du Lusche. – Bäm! – Voll auf die zwölf. Na warte. Dein letztes Stündlein hat geschlagen. Muharhar.« Anscheinend habe ich trotz meiner Auszeit als Sensenmann mal wieder genau den richtigen Moment erwischt. Ich bin eben ein Naturtalent. Entschlossen klopfe ich an. Das Kampfgeschrei gerät ins Stocken. »Nimm das. – Hey. Moment. Wer stört?« Ich versuche, mit meiner freundlichsten Stimme zu antworten.

»Guckguck. Ich bin's.«

»Hau ab«, kommt es schroff zurück, »ich bin grad echt beschäftigt.« Na, darauf wäre ich ja im Leben nicht gekommen. Ich werde dennoch hineingehen, denn alle Geräusche in diesem Zimmer weisen eindeutig auf dringenden Bedarf an mir hin. Also öffne ich trotz der Abweisung die Tür und betrete vorsichtig den Raum. Svenja sitzt in schwarzer Lederkleidung und mit einem beeindruckend echt aussehenden Ninjaschwert auf dem Rücken vor ihrem Computer und hämmert mit den Händen wie wild auf Maus und Tastatur ein. Auf dem Bildschirm ihres PCs blinkt und blitzt es, als würde der ganze Apparat kurz vor einer Explosion stehen.

»Du bist tot, mein Freund! Tot!«, schreit Svenja. Klar, denke ich verwirrt, wer denn sonst? Aber ich entschließe mich, den seltsamen Spaß mitzuspielen.

»Sehr richtig, dann müsst ihr Morathi sein, werte Dunkelelfe.« Svenja blinzelt irritiert zu mir herüber.

»Man, was willst du? Mir ist eine ganze Horde Trolle auf den

Fersen.« Ich schaue irritiert auf den Bildschirm und erkenne tatsächlich ein recht konfuses Gefecht, in dem eine furchterregend ausgerüstete dunkle Elfenkriegerin auf ein paar knuffig aussehende Riesen im Lendenschurz einprügelt »Oh stimmt, jetzt, wo du es sagst, wie furchtbar ungünstig ... Ähm, aber du, ich glaub, ich hab einen Virus, und da dachte ich ...«

»Dann geh zum Arzt.«

»Nee, nicht *ich* hab den Virus, *mein Laptop*. Der hat sich eben gerade aufgehängt. Und nein, ich freue mich als Tod in keinster Weise über diesen Vorgang. – Achtung, hinter dir!«

»Ah. Au! Oh, Alder, wenn ich dich erwische! – Na, dann frag doch mal Yvonne! Ich hab von Computern echt keine Ahnung.«

Wie kann man denn davon keine Ahnung haben, wenn man von morgens bis abends davor sitzt? Doch ich komme nicht dazu, meine Frage zu stellen, denn auf einmal färbte sich der Bildschirm blutrot, und die virtuelle Drow stöhnt beinah synchron mit ihrer menschlichen Spielerin auf.

»Mann, Tod, jetzt bin ich wegen dir gestorben.« So naheliegend dieser Satz auch sein mag: Bisher hat ihn mir noch niemand so direkt an den Schädel geworfen. Ich fühle mich ein wenig schuldig.

»Ähm, oje, oje ... Das tut mir leid. Berufskrankheit.« Doch die Trauer scheint nicht lange vorzuherrschen. Entschlossen haut Svenja alias Morathi mit der Faust auf den Schreibtisch.

»Ach, egal, dann lass ich mich eben im Tempel von Lloth wiederbeleben.«

Unvorsichtig entweicht mir leise: »Ach, Gottchen, wie unrealistisch.« Als sich die Augen der selbsternannten Ilythiiri jedoch bedrohlich verengen, schiebe ich schnell noch hinterher:

»Aber toll, Reinkarnation. Mensch, klasse, was heutzutage alles möglich ist. Jetzt aber husch, husch in den Tempel. Ähm ... gepriesen sei Lloth. Jippie. Äh ... und du glaubst wirklich, Yvonne kann mir helfen?«

»Klar, die studiert doch Informatik. Und jetzt raus hier, bevor ich meine ganzen teuer erkauften Leben verschwende, bloß weil mich hier rein zufällig der Tod ablenkt.«

Rückwärts und auf Zehenspitzen verlasse ich das große Abenteuer meiner Mitbewohnerin. Yvonne finde ich nur wenige Meter entfernt von der epischen Schlacht in der realen Welt am Esstisch, den Tagesspiegel lesend. Ich räuspere mich.

»Äh, Yvonne? Tschuldigung, wenn ich störe. Aber sag mal, ich hab gehört, du studierst Informatik?« Ohne ihren Blick zu heben, antwortet die Kurzhaar-Blondine: »Ja, und?«

»Mh, das klingt jetzt wahrscheinlich ein bisschen komisch, wenn gerade ich das in meiner Situation behaupte, aber ... ich hab mir Informatiker immer ganz anders vorgestellt.« Yvonnes Kopf geht langsam nach oben. Irgendetwas in ihrem lauernden Blick verrät mir, dass ich mit der Sense wohl gerade unbewusst einen sensiblen Knochen getroffen zu haben scheine. »Ach? Meinst du nerdiger? Im dunklen Keller sitzend und Systeme hackend? Spielsüchtig und realitätsfern wie Svenja? Ohne Kontakte zur Außenwelt? Versunken in endlosen Zahlenreihen aus Einsen und Nullen? Meinst du *so*?«

»Joa, so ungefähr. Aber wahrscheinlich hat nicht nur der Tod mit falschen Klischees zu kämpfen.« Um diesmal nicht gleich ungestüm mit der Leiche ins Grab zu fallen, ziehe ich mir einen Stuhl an den Tisch und versuche, interessiert zu klingen.

»Was macht man denn so den ganzen lieben Tag als Informatiker?«

»Man liest die Klatschspalten der Tageszeitung, was denn sonst? Warum fragst du? Das interessiert dich doch nicht wirklich, oder?«

Möglichst überzeugend antworte ich: »Selbstverständlich, ich wohne nun schon so viele Wochen hier und finde, ich weiß immer noch viel zu wenig über meine Mitbewohner.« Skeptisch blickt mich Yvonne einige Sekunden wortlos an, dann legt sie schließlich doch ihre Lektüre beiseite.

»Also gut. Ich habe mich auf theoretische Informatik spezialisiert. Und da versucht man unter anderem, Probleme zu katalogisieren und sie so zu vereinfachen, dass sie irgendwann durch programmierte Algorithmen lösbar werden.«

»Ähm ... hui, Algorithmen, wie cool. Problem vereinfachen, klingt aber gut. Mein Laptop hat nämlich ...«

»Hey, natürlich ist das cool. Als du neulich das Essen zubereitet hast, hast du auch einen Algorithmus verwendet. Zwar einen recht simplen, aber einen Algorithmus. Du hattest Eingaben wie Tomatensoße, Basilikumblätter und Nudeln und eine Methode, die du angewandt hast: Koche die Nudeln so und so lange, schnippele dies und das, füge dies und jenes zusammen. Du warst der Computer und hast den Algorithmus ausgeführt. Und da das Ergebnis nur so mittel geschmeckt hat, muss man anscheinend das Rezept verbessern.«

»Bitte was? Es hat nur so mittel geschmeckt?«

»Naja, sagen wir, es hatte noch ein wenig Luft nach oben. Aber genau das ist meine Aufgabe als theoretische Informatikerin.«

»Kochen oder den Tod beleidigen?«

»Optimieren. Es gibt nämlich einen ganzen Haufen an relevanten Fragen, die ein Computer einfach nicht befriedigend errechnen kann.«

»So was wie: Gibt es ein Leben nach dem Tod?«

»Nein, Blödsinn, viel praktischer. Etwa die perfekte Platzierung von Sendemasten für Handynetze oder die bestmögliche Berechnung einer Rundreise für Lieferunternehmen.«

»Aha, also die wirklich großen Fragen der Menschheit. Und das bekommt ein Rechner nicht hin?«

»Zumindest nicht optimal. Überleg doch mal: Schon allein bei der Reiseroute für Lieferunternehmen. Wenn man an x Städten vorbei kommen will, dann gibt es x-mal $(x-1)$ mal $(x-2)$ = x-viele Kombinationsmöglichkeiten. Bei nur fünfundzwanzig Städten ergibt das schon eine Eins mit fünfundzwanzig Nullen. Und bei sechzig Städten ist man schon in der Größenordnung von der Anzahl der Atome im Universum. Das zu errechnen, dauert selbst für einen Hochleistungsprozessor ewig. Und die Zeit hat dank deiner Familie ja nun wirklich keiner. Was gibt es denn da zu lachen?«

»Naja, jetzt klingst du schon so, wie ich mir eine Informatikerin vorstelle.«

»Du hast gefragt.«

»Jaja. Und ich dachte, Computer können immer alles so super schnell herausbekommen. Apropos Computer, mein Laptop ...«

»Pah. Weißt du, warum es überall heißt, dass man im Internet mindestens achtstellige Passwörter benutzen soll?« Ich zucke verlegen mit den Schultern und frage mich, ob ich meinen Rechner nicht einfach wegschmeißen und mir stillschweigend einen neuen kaufen sollte.

»Na, weil die dann eben nicht einfach super schnell zu knacken sind. Denn wenn du Groß-, und Kleinbuchstaben, Zahlen und Sonderzeichen verwendest und das Wort nicht in einem Wörterbuch steht, dann gibt es ja schon (26 + 26 + 10 + 22) hoch zehn Möglichkeiten. Selbst wenn ein CPU die üblichen 9,7 Millionen Passwörter in einer Sekunde ausrechnen kann, braucht er Tausende von Jahren, um die auch alle zu testen. Wobei, warte mal ...« Während ich gehorsam *mal warte*, kritzelt Yvonne mit dem Bleistift irgendwelche Zahlen auf den Rand ihrer Zeitung.

»Ja, genau«, fährt sie nach einer Weile fort, »bei acht Stellen wären es natürlich nur 2 478 758 911 082 496 Möglichkeiten, und man bräuchte etwas über sieben Jahre. Aber wenn du dein Passwort alle zwei bis drei Jahre änderst, bist du auf der sicheren Seite. Oder du nimmst gleich das zehnstellige Passwort. Dann bist du knapp 51 000 Jahre safe. Quatsch, sogar 55 000, ich hab die dritte Nachkommastelle vertauscht.«

»Wahnsinn. Nur sag mal, ich hätte da jetzt ein im Vergleich etwas unbedeutendes Problem. Meinst du ...«

»Ja, genau! Wenn man die Passwörter mit der Reiseroute kreuzt ... das ist es.« Aufgeregt beginnt Yvonne erneut, irgendwelche Zahlenreihen auf die Zeitung zu schreiben. Ich scheine nur noch Luft für sie zu sein. Als ich schon gehen will, kommt Thomas in T-Shirt und Boxershorts ins Wohnzimmer geschlappt. Er stopft sich mit der einen Hand ein paar Cornflakes in den Mund und kippt mit der anderen direkt aus einem Tetrapack Milch hinterher.

»Sag mal, Thomas, du kennst dich nicht zufällig mit Computern aus, oder? Mein Laptop spinnt.«

»Heureka!«, ruft Yvonne völlig versunken.

»Na, dann sag ihm willkommen im Club«, grinst Thomas, während seine Kiefer knuspernd Cornflakes mahlen. »Nimm einfach den Akku raus und wieder rein. Klappt bei mir immer.« Dann verzieht er sich wieder in seine Höhle.

»Lloth tlu malla!«, schallt ein Schlachtruf aus Svenjas Zimmer.

Gut, der simple Ratschlag ist oft nicht der beste, aber manchmal eben der einzige, den man kriegen kann. Und wirklich: Als ich Thomas' schlichte Anweisungen befolge, fährt mein Computer hoch, als wäre nie etwas gewesen. Ein guter Sensenmann nimmt eben, was kommt. Und ich weiß nun, egal ob schlau, dumm, phantasievoll oder wissenschaftlich fundiert: Alle Menschen haben irgendwie ihre Berechtigung und sind für mich als Tod im richtigen Moment am richtigen Ort einfach nur perfekt. Und ich hoffe, es gelingt mir irgendwann, dass sich all diese Menschen spätestens beim Tod genauso perfekt fühlen dürfen.

Tod beim Psychologen

»So, Herr Tod, wie kann ich Ihnen helfen?«

»Oh, mir ist nicht zu helfen. Es geht heute eher um meine Katze.«

»Ihre Katze?«

»Ja, sie hat manchmal so Tage, da glaubt sie ernsthaft, sie wäre keine echte Katze.«

»Aha. Ähm, verstehe, Ihre Katze glaubt also, sie wäre keine echte Katze. Das klingt wirklich nach einem ernsthaften Problem.«

»Ja, das hab ich mir auch gedacht. Die Gute fühlt sich manchmal richtig fremdbestimmt.«

»Ihr Haustier fühlt sich fremdbestimmt?«

»Ja, verdammt, warum wiederholen Sie denn ständig alles, was ich sage? Sind Sie ein Aufnahmegerät oder Therapeut?«

»Entschuldigen Sie, aber Ihr Anliegen klingt wirklich ein wenig merkwürdig.«

»Ja, das hab ich ihr auch gesagt.«

»Wem?«

»Na, Mautzi, meiner Katze.«

»Mautzi, aha. Sie unterhalten sich also mit Ihrer Katze?«

»Klar doch, wir führen oft stundenlang philosophische Gespräche. Gibt es ein Leben vor dem Tod und wenn ja, warum überhaupt? Und wenn irgendwann mal Sense isst, was gibt man ihr denn dann überhaupt zu fressen? Jetzt gucken Sie nicht so, ich gebe ja zu, es war schon früher nicht immer einfach mit ihr, aber jetzt mit diesen Selbstzweifeln, das macht alles noch viel schlimmer.«

»Erlauben Sie mir eine kurze Zwischenfrage: Ihre Katze kann reden?«

»Wissen Sie, langsam frag ich mich, wer von uns beiden hier eigentlich Therapie braucht. In welchem Jahrhundert leben Sie denn? Glauben Sie auch, dass Frauen nicht Auto fahren können? Dass Homosexuelle nicht heiraten dürfen? Dass Internet Hexerei ist? Selbstverständlich kann Mautzi reden!«

»Okay, okay, ich habe verstanden. Wo ist sie denn, Ihre sprechende Freundin? Haben Sie sie mitgebracht? Ich kann sie gar nicht sehen.«

»Ja, natürlich können Sie Mautzi nicht sehen. Sie ist ja auch noch überhaupt nicht da. Die Gute ist, wie soll ich sagen, ein wenig schüchtern. Leider vollkommen berechtigt, die meisten Leute nehmen uns im Doppelpack nämlich nicht gerade ernst.«

»Mh, das verwundert mich jetzt aber wirklich.«

»Wollen Sie mich veralbern?«

»Im Leben nicht.«

»Ach, Sie denken jetzt bestimmt, ich bin einer von den Typen, der sich imaginäre Freunde schafft, weil sonst niemand mit ihm sprechen würde. Aber glauben Sie mir, diese Diagnose können Sie gleich wieder beerdigen. Es gibt mehrere Fotos, auf denen Mautzi und ich gemeinsam zu sehen sind.«

»Soso, könnte ich eins davon mal sehen?«

»Na klar, hier.«

»Uh.«

»Tja, Herr Seelendoktor, ich denke da ist jetzt wohl mal eine Entschuldigung von Ihnen fällig, was?«

»Ähm, naja ...«

»Was ist denn nun schon wieder verkehrt? Gefällt Ihnen meine Kutte nicht? Das war ein Schnappschuss, verdammt! Sonntagmorgen, Mautzi und ich hatten den Abend vorher gefeiert. Für gewöhnlich sehe ich frischer aus.«

»Das glaube ich Ihnen, keine Sorge, es ist nur ...«

»Ist was mit Mautzi?«

»Ja, genau, Ihre Katze, wie soll ich sagen, sie ähnelt doch sehr stark ihrer eigenen Hand.«

»Jetzt fangen sie nicht auch noch damit an.«

»Es haben Sie also schon andere Leute darauf hingewiesen?«

»Nur weil eine Katze mal rein optisch ein klitzekleines bisschen von der Norm abweicht, muss man ihr ja noch lange nicht die komplette Existenz absprechen, oder? Ich behaupte ja auch nicht, Sie wären kein Mensch, nur weil Sie Ohren wie ein Schimpanse haben.«

»Jetzt werden Sie bitte nicht persönlich.«

»Hab ich da etwa einen wunden Punkt getroffen?«

»Nein, aber es geht hier gerade nicht um mich, sondern um Sie.«

»Falsch, es geht um Mautzi, sehen Sie es doch endlich ein. Mit mir ist alles in Ordnung.«

»Wenn Sie meinen ...«

»Können Sie ihr helfen?«

»Ihrer Katze?«

»Ja, wem denn sonst, Herrgott nochmal?«

»Ich könnte Ihnen ein paar Medikamente verschreiben, die Sie gemeinsam einnehmen und dann würden wir schauen, ob Mautzi nicht von alleine verschwindet.«

»Um Himmels willen, warum sollte sie denn verschwinden?«

»Damit Sie sich nicht mehr gegenseitig belasten und Sie beide wieder ihr eigenes Leben führen können.«

»Papperlapapp, das Leben interessiert uns nur aus beruflichen Gründen. Ansonsten kann uns das mal gepflegt den Buckel runterrutschen.«

»Ah, Sie haben also Probleme mit dem Leben. Da kommen wir der Sache doch schon näher. Sind Sie öfter mal traurig?«

»Nicht trauriger als Ihr Opa, wenn Sie mal wieder seinen Geburtstag vergessen haben.«

»Wovon sprechen Sie?«

»Tun Sie nicht so unschuldig, er hat es mir selbst erzählt.«

»Unterstehen Sie sich, mein Großvater ist vor einem Jahr gestorben.«

»Nicht ganz, es sind elf Monate und zwei Wochen und unter uns: Er war ziemlich glücklich, dass die ganze Plagerei endlich ein Ende hatte.«

»Sie sind ja völlig durchgeknallt.«

»Ui, eine ziemlich überraschende Diagnose dafür, dass ich gerade bei einem Psychologen auf der Couch liege. Aber wissen Sie was? Ich wollte Ihrem Opa nur einen Gefallen tun.«

»Ach ja und welchen?«

»Er hätte morgen Geburtstag gehabt.«

»Und?«

»Und er wollte, dass Sie sich an ihn erinnern, damit Sie wenigstens einmal in all den Jahren rechtzeitig daran denken. Ich glaube, das habe ich nun geschafft.«

»Ja, und … und das mit Ihrer Katze war nur ein Vorwand?«

»Na klar, ich bin doch nicht verrückt.«

»Ich … entschuldigen Sie, ich brauch jetzt erst mal einen Moment für mich.«

»Kein Problem, kein Problem. Ich habe meinen Job erfüllt. Komm, Mautzi, wir gehen.«

»Ja, komm lass uns abhauen, der Typ nervt.«

»Was haben Sie gesagt?«

»Nichts, nichts. Schönen Tag noch.«

Das Glück der Menschen

Es ist kurz vor acht. Eigentlich fährt gleich der Bus, den wir nehmen müssen, um rechtzeitig ins Kino zu kommen. Aber ich sage nichts, ich bin der Neue und sowieso viel zu WG-unerfahren, um realistisch einschätzen zu können, ob bei diesem von Yvonne beinah heilig zelebrierten Ereignis gemeinschaftlicher Zwangsaktivität so etwas Banales wie die Uhrzeit überhaupt eine Rolle spielt. Heiligkeit hin, Heiligkeit her: Svenja, unsere Hobby-Elfe, ist das Wochenende auf irgendeiner Game-Convention in Köln und hat sich allen Regeln zum Trotz dem obligatorischen WG-Happening entzogen. Wir sind dennoch zu viert, denn Yvonne hat als Ersatz den italienischen Austausch-Studenten Francesco an Land gezogen, den sie erst vorgestern auf einem Informatik-Kurs kennengelernt und es sich sogleich zur ehrenvollen Aufgabe gemacht hat, ihn in Stadt, Kultur und wahrscheinlich auch in ihr Bett zu integrieren. Thomas bekam deshalb den Auftrag aus Gründen der Toleranz und Weltoffenheit, Kinokarten für ein international verständliches Filmerlebnis zu besorgen. Er entschied sich für einen japanischen Samurai-Film mit englischem Untertext. Ob dieser Film nun als Anfang für ein neues deutsch-italienisches Bündnis taugt oder eher das Ergebnis von zu viel Bier am Nachmittag ist, wage ich nicht zu beurteilen – allerdings wird unsere ungewöhnliche Truppe zumindest dem Tod ein wenig näher kommen, denn gestorben wird in solchen Filmen traditionell ohne Ende.

Falls es überhaupt noch dazu kommt, denn wie gesagt: Wir sind schon jetzt viel zu spät. Wo andere in solch einer Situation wahrscheinlich in Panik geraten würden, läuft in unserer WG alles ein wenig anders. Nachdem wir bereits alles eingepackt haben und aufbruchsbereit an der Tür stehen, überkommt unseren Neuling Francesco urplötzlich und völlig unerwartet der unbändige Wunsch, ausgerechnet in diesem Augenblick die Moldau-Sinfonie des tschechischen Komponisten Bedřich Smetana hören zu wollen. Was ich erst für einen seltsamen

Scherz halte, meint der Italiener aber anscheinend bierernst und dreht auf der Stelle um. Thomas kichert, Yvonne klatscht begeistert in die Hände, und beide folgen Francesco zu meinem Erstaunen wieder in die Wohnung zurück. Ich selbst stehe einen Moment etwas irritiert im Hauseingang, schaue pro forma noch einmal auf die Uhr, komme dann aber schulterzuckend nach. Francesco sitzt bereits an Yvonnes Laptop und durchforstet eifrig das Internet nach dem Objekt seiner Begierde, seinem desiderio acuto.

»Wie kommt er denn plötzlich auf dieses Stück?«, werfe ich einfach mal in die Runde, weil es sich anscheinend sonst niemand fragt.

»Wieso? Ist doch lustig«, antwortet der schon wieder gut angetrunkene Thomas, während Yvonne bloß abwinkt, als hätte ich gefragt, warum sich Wasser nass anfühlen würde. Es ist faszinierend: Je mehr Zeit ich mit Menschen verbringe, umso normaler fühlt es sich an, Tod zu sein.

»Bei dem Stück handelt es sich um eine sinfonische Dichtung, in der der Komponist den Lauf der Moldau schildert«, belehrt mich Yvonne, als würde diese Tatsache auf einmal alles erklären. Ich ahne Schlimmes. Denn wenn mich meine Geographie-Kenntnisse nicht trügen, ist die Moldau ein ziemlich langer Fluss. Mit einem Jubelschrei informiert uns Francesco über das erfolgreiche Ende seiner Suche. Nach einem Doppelklick mit der Maus erklingt aus den voll aufgedrehten Boxen das mir tatsächlich irgendwie bekannt vorkommende Thema des Stücks. Francesco, groß, bärtig und von beeindruckender Statur, stellt sich mit geschlossenen Augen in die Mitte des Wohnzimmers und freut sich wie ein kleines Kind über das zu spielen beginnende Orchester. Ich begreife langsam, dass das wirklich große Kino an diesem Abend nicht auf einer riesigen Leinwand, sondern hier in unserer WG stattfinden wird. In einem Mischmasch aus Italienisch, Englisch und Phantasie-Deutsch versucht Francesco uns zu erklären, wo die Moldau gerade der Musik entsprechend theoretisch entlangfließt.

Ich wirke zunächst wohl etwas verwirrt, was Francesco aber nur dazu animiert, einige Passagen lautstark auf TATATA mitzusingen, weshalb ich schnell versuche, möglichst interessiert zu gucken. Einen Verweis auf den Bus und unseren geplanten Kinobesuch erspare ich mir. Denn ein japanischer Samurai-Film, dessen einziger Handlungsstrang meist nur das heroische Niedermetzeln von unzähligen Feinden zu sein scheint, ist nun wahrlich nicht das entspannende Event, das mich antreiben könnte, dieses sonderbar faszinierende Schauspiel zu unterbrechen. »Schaue zu und lerne, kleiner Tod«, höre ich Charons Stimme in meinem Inneren sprechen. Und so schaue ich einfach zu und versuche zu lernen. Was auch immer.

»Fiume goes straight pronto, wunderbar. Matrimonio!«, ruft Francesco begeistert über die Musik. Anscheinend fließt der Fluss gerade an irgendeiner Hochzeit vorbei, auch die Musik wird festlicher und ausgelassener. Kaum zu glauben, was ein Fluss so alles erlebt. Wir durchstreifen bei Mondschein Wälder und Landschaften voller alter Ruinen und Schlösser, bewundern im Vorbeifließen den Tanz der Nymphen, wir verfolgen Jagdszenen an Land und wirbeln an wilden Strömen vorbei. Jedes Mal, wenn das Hauptmotiv erneut erklingt –»it comes again and again wie fiume in die mare fließen«–, beginnt Francesco zu strahlen, als würde an einem regnerischen Frühlingstag die Sonne hinter den Wolken hervorbrechen und den langerwarteten Sommer verkünden.

Da steht dieser große, bärtige Italiener mitten im Zimmer, während alle aufbruchsbereit teilweise mit Jacke, Mütze oder Sense im selben Raum sitzen, und die Zeit scheint stillzustehen.

Anfangs hatte ich erwartet, dass spätestens nach fünf Minuten das Stück zu Ende sein müsste oder uns irgendjemand doch noch zum Bus treiben würde. Doch als die Motiv-Melodie knapp zehn Minuten später erneut aus den Boxen fließt, liegen wir alle mit einem Lächeln in unseren Sesseln und genießen die innere Ruhe. In der Mitte des Raumes steht noch immer Francesco, groß, zottelig und doch leichtfüßig jeden einzelnen Streichereinsatz dirigierend. Die Moldau strömt gerade an der Burg Vysehrad vorbei – vor unserem inneren Auge baut sich die barocke Festung mit ihren stolzen Wällen und Türmen auf, wir atmen überraschend klare Prager Luft. Menschen winken fröhlich vom Ufer herüber und rufen uns Begrüßungen zu, die ich leider nicht verstehe, denn ich spreche dank meiner tollen Ausbildung nur gebrochen Latein und kein Tschechisch, was ich ihnen mit einigen Handbewegungen versuche, klar zu machen. Mit einem spitzen Schrei schwingt sich ein Falke gegenüber vom Burgturm in den Himmel und lässt sich zu uns herübergleiten. Als uns die nächste Stromschnelle erfasst, verliere ich ihn jedoch aus den Augen, und wir treiben weiter auf der Moldau entlang. Mitten in einer kleinen Wohnung in Berlin-Neukölln entsteht an diesem Abend der langersehnte Gegenentwurf zu aller Hektik dieser Welt. Auch als wir irgendwann dann doch noch aufbrechen und uns schließlich viel zu spät in die Kinosessel fallen lassen, sogar als der japanische Samurai-Film blutig über die Leinwand flackert und selbst als uns spät in der Nacht die Hochhäuser des Potsdamer Platzes mit ihren gläsernen, ständig beleuchteten Büros ihre Werte von nie enden wollendem Fleiß und chronischem Zeitmangel entgegenschreien, spielt in meinem Kopf bloß ein Orchester voller bärtiger Italiener friedlich und entspannt das Motiv von Smetanas Moldau-Symphonie. Und zum ersten Mal erkenne ich, dass Zeit für das wahre Glück der Menschen im Grunde gar keine Rolle spielt, sondern vielmehr die Kunst, sie planlos mit Musik und voller Genuss einfach so verstreichen zu lassen.

Abserviert

Tisch 27? Tisch 27? Wo verdammt nochmal ist denn Tisch 27?

Unsicher balanciere ich die zwei riesigen Teller Schweinshaxen auf wackeligen Knochen durch den Brauereigasthof. Selten dämlich! Da wohne ich schon mal in Berlin, aber statt in einer gemütliche Currywurstbude kleine Snacks auf Pappuntersetzern herumzureichen, jobbe ich ausgerechnet in einem bayrischen Außenstützpunkt, damit ich riesige Maßkrüge und Fleischberge durch die Gegend tragen kann. Und wer jemals mit Kutte gekellnert hat, der weiß auch: Es gibt durchaus praktischere Arbeitsuniformen. Eigentlich herrscht für das Personal eine strenge Kleiderordnung, allerdings glaubt Jean-Pierre, der Chef dieses blau-weißgefärbten Ladens, dass meine Tracht irgendwie mit meinem Glauben zusammenhängt und erlaubt mir daher, zum Zeichen der Toleranz, mein gewohnt schwarzes Outfit zu tragen. Zugegeben: Die Gäste haben anfangs recht skeptisch geschaut, als ausgerechnet ich ihnen die Speisen an den Platz gebracht habe, aber nach einer Weile wurde ich quasi zu einem echten Touristen-Geheimtipp. Keine Seltenheit sind mittlerweile Sätze wie »Schau mal, wie süß der die Brezeln auf seiner Sense stapeln kann«, »Also, ich bin beileibe kein Vegetarier, aber bei Ihnen würde sogar ich gerne mal ins Gras beißen« oder auch: »Kann ich Sie mal mit meiner Frau fotografieren?« Manchmal muss ich sogar Autogramme geben, viele Bestattungsunternehmen und Junggesellenabschiede halten ihre Feiern inzwischen im Brauhaus ab und bestehen dabei auf meine Anwesenheit. Während ich sonst in Berlin im Gewusel der unzähligen Durchgeknallten überhaupt nicht auffalle, bin ich in diesem isolierten Lederhosen-Kosmos ein kleiner Star. Wie jeder gewöhnliche C-Promi zu berichten weiß, hat das aber nicht nur Vorteile. Je später beispielsweise der Abend, desto banaler werden auch all die Wirtshaus-Kalauer und Kommentare der Gäste.

»Huch, Herr Ober, Sie haben mich ja fast zu Tode erschreckt. Hahaha.«

»Das Essen schmeckt heute zum Sterben schön!«

»Komm, Kleiner, zeig doch mal, was du unter der Kutte hast.«

Aber ich habe von meinen weiblichen Kolleginnen gehört, dass sie sich mit steigendem Alkoholpegel der Gäste ganz ähnlich diskriminierende Sätze anhören müssen. Die meisten Besucher geben dann zumindest ein ordentliches Trinkgeld, auch wenn sie sich von dieser großzügigen Geste wahrscheinlich Gegenleistungen erhoffen, die wir ihnen gewiss nicht erfüllen werden.

»Komm, isch schpendier uns beed'n noch 'n Kurzen, un' dann lässte dir noch bissl Zeit mit mir. Naa?« Würde ich bei solchen Angeboten ehrlich antworten, müsste ich sagen, dass – im Gegenteil – bei jeder bestellten Runde die Wahrscheinlichkeit für ein früheres Wiedersehen eher zu- statt abnimmt. Aber solche Empfehlungen posaune ich selbstverständlich nicht in den Gastraum, denn so was, das hat mir Jean-Pierre lang und breit erklärt, ist meist recht schlecht für den Umsatz. Und ich halte mich an die Regeln, denn das Geld für den Job kann ich mehr als gut gebrauchen. In der WG bin ich schon mit zwei Monatsmieten in Verzug. Noch hat sich keiner meiner Mitbewohner offen darüber beschwert, aber ich weiß auch nicht, wie lange sie das Erlebnis mit der toten Fliege noch vor Konsequenzen zurückschrecken lässt.

»Haben Sie die Schweinshaxe bestellt?«

»Ja, immer her damit, wir sterben gleich vor Hunger! Hahaha, versteht ihr? Sterben vor Hunger!« Ich merke, es ist schon wieder viel zu spät am Abend. Der ganze Tisch beginnt zu lachen. Mühsam stelle ich die schweren Teller ab.

»Darf es denn noch etwas zu trinken sein, die Herren?«

»Klar, wir nehmen noch eine Runde Weizen. Heute saufen wir den Tod unter die Erde.« Wieder lacht die versammelte Mannschaft.

»In Ordnung, noch mal fünf Weizen, hab verstanden.« Leicht genervt gehe ich zurück zur Theke.

»Hey, Toni, noch mal fünf Weizen bitte für den volltrunkenen Tisch da hinten am Fenster.«

»Okay, mach ich fertig. Fünf Weizen für Tisch 18.« Ich will schon wieder abdrehen, da durchfährt es mich wie ein Blitz.

»Moment. Ist das da hinten denn nicht Tisch 27?«

»Nee, Tisch 27 ist doch auf der anderen Seite. Warum fragst du?« Ich fühle mich wieder an alte Zeiten erinnert, als ich noch bitter lernen musste, dass Fehler in meiner Branche unentschuldbar sind.

»Ähm, anscheinend hab ich grad Tisch 18 die Schweinshaxen für Tisch 27 gebracht. Schlimm?«

»Och nee, oder? Die hatten doch gar kein Essen bestellt.«
Natürlich haben sie aber trotzdem in Rekordzeit alles bis
auf den letzten Knochen niedergemacht, was dazu führte, dass
sich nur ein paar Sekunden später Tisch 27 lauthals über die
langen Wartezeiten für die Schweinshaxen beschwerte, während Tisch 18 beharrlich darauf bestand, die verzehrten Speisen nicht zu bezahlen, weil sie schließlich auch nicht bestellt
wurden, woraufhin die Küche in all dem Stress ein zweites Mal
Kaiserschmarrn statt Haxen zubereitete, was Tisch 27 wiederum dazu brachte, wutentbrannt den Geschäftsführer zu fordern, derweil Tisch 18 den Tumult nutzte, um sich ganz ohne
zu bezahlen aus dem Staub zu machen. Kurz darauf saß ich
im Keller bei Jean-Pierre im Büro und durfte mir die Schuld
für den nahenden Untergang des Abendlandes in die Schuhe
schieben lassen.

»So geht das nicht weiter, Tod, so geht das alles nicht weiter.
Ich hab lange darüber nachgedacht, aber ich glaube, wir müssen die Zusammenarbeit be...«

»Hey! Hey, nun übertreib mal nicht. Ja, klar, das mit den Haxen war blöd gelaufen, aber, verdammt, das waren zwei dum-
me, mickrige Haxen. Ich sorge hier für einen Mega-Umsatz in
diesem Laden. Allein durch die vielen Nekromanten, die nun zu
dir pilgern, oder die ganze Gothik-Szene, die neuerdings ihre
Jahreshauptversammlung bei uns im Brauhaus abhält.«

»Ja, aber ich sage dir ehrlich: Das ist auch ein Problem.
Wir sind ein traditionell bayrisches Wirtshaus, und hier ho-
cken mittlerweile fast nur noch dunkle, langhaarige Gestalten
mit angemalten Augen und schwarzen Lederklamotten. Wir

verlieren unsere Stammkunden. Unsere blau-weißen Wimpel werden mit Totenköpfen verunstaltet, statt Volksmusik wird sich Heavy Metal gewünscht, jeder Bayer, der hier im Urlaub zufällig vorbeischaut, fällt rückwärts wieder zur Tür raus.«

»Ach, hör auf, dafür kommt jede Menge Frischfleisch herein. Kreislauf, Jean-Pierre, verstehst du? Altes vergeht, Neues kommt. Dass sich damit immer alle so schwertun.«

»Und irgendwann hörst du auf, hier zu arbeiten und dann? Dann steh ich da und habe weder Todfans noch Bayern-Gäste.«

»Nein, hör mal, der Tod ist immer für dich da. Du kannst mir glauben, ich vergesse niemanden.«

»Ach, das sagst du doch nur so. Außerdem gibt es Probleme mit dem Gesundheitsamt. Sie überprüfen gerade, ob es zulässig ist, dass jemand mit deiner Herkunft Speisen und Getränke servieren darf. Offener Rassismus in unserem Land. Aber wenn das in die Hose geht und nur ein Gast mal 'nen Knochen verschluckt oder zufällig die Kellertreppe zum Klo runterfällt, dann kann ich dicht machen. Dann ist es vorbei.«

Ein Brauhaus auf dem Gewissen zu haben wäre auch für mich eine völlig neue Erfahrung. Nicht, dass mich der Satz »dann ist es vorbei« in irgendeiner Form noch schockieren könnte, allerdings schaut Jean-Pierre so niedergeschlagen, dass ich ihm schließlich zustimme und mich bereitwillig feuern lasse. Mein ehemaliger Chef ist damit der erste und wahrscheinlich auch zukünftig einzige Mensch, der dem Tod kündigen konnte. Ja, Sachen gibt's. Ich unterschreibe also artig einen Auflösungsvertrag und muss selbst über die Ironie dieses Vorgangs schmunzeln. Nun bin ich also ein arbeitsloser C-Promi. Dschungelcamp, ick hör dir trapsen.

Fix und fertig

Der unbestrittene Nachteil daran, ein Mitglied der Familie Tod zu sein, ist, dass man ständig den Drang hat, immer alles zu Ende bringen zu wollen. Fange ich am Abend an, ein gutes Buch zu lesen, höre ich erst wieder auf, wenn ich im Morgengrauen die letzte Seite gelesen habe. Beginne ich ein Computerspiel, schalte ich den Rechner frühestens nach dem ultimativen Endgegner aus. Egal, wie langweilig die neue TV-Serie auch sein mag: Sie wird eisern bis zum Staffelfinale angeguckt. Immer alles fertig machen, das ist auf Dauer wirklich anstrengend. Wie man sich sicher vorstellen kann, kommt man unabhängig von der ständigen Übermüdung und den mittlerweile chronischen Wirbelsäulenproblemen mit dieser Einstellung ganz schnell in extreme Schwierigkeiten. Denn wird eine Sache bevorzugt, führt das zwangsläufig zur Benachteiligung aller anderen Dinge, die erledigt werden müssen. Und davon gibt es in meinem Beruf für gewöhnlich eine ganze Menge.

»Die Anzahl der Einwohner in deutschen Großstädten«, dringt es aus dem Radio, »steigt nach neuesten Erkenntnissen weiterhin konstant an. Einer Prognose der ISS zufolge wird Berlin bereits im Jahre 2025 die Vier-Millionen-Marke durchbrochen haben.«

Jaja, denk ich mir, eins nach dem anderen, bloß nicht stressen lassen. Ich sitze nämlich gerade vor einem Puzzle mit 10 000 Teilen, die setzen sich auch nicht von alleine zusammen. Das Motiv ist eine eintönige Sandwüste mit einem winzigen Kamel am Horizont. Ein wenig mehr Leben auf diesem Bild würde meine Aufgabe durchaus vereinfachen. Aber nein, das ach so beschäftigte Leben muss sich laut Radio ja gerade in den Metropolen dieser Welt tummeln, statt mir einmal etwas unter die Kutte zu greifen.

»›Die Verkehrsbetriebe der Städte stöhnen unter diesen Voraussagen, eine Auslastung der vorhanden Kapazitäten sei bereits jetzt erreicht‹, so Christian Pandel, Pressesprecher der BVG.«

Wenn ich das schon höre: »Auslastung der vorhanden Kapazitäten.« Dann muss man halt expandieren, größer werden, ausbauen. Die Tod GmbH hat auch als regionales Unternehmen angefangen, bis der Bedarf so flächendeckend explodiert ist, dass wir zwangsläufig zur Weltmarke werden mussten. Immer nur rumjaulen bringt keinen weiter. Machen, so lautet die Devise. Klar hätte ich angesichts der Masse von beinah identischen Teilen vor so einer blöden Sandwüste kapitulieren können, tue ich aber nicht. Ich bin der Tod, ich puzzle.

Die WG hat meine kleine Schwäche, immer zum Abschluss kommen zu müssen, längst erkannt und weiß sie entsprechend voll auszunutzen. Halber Abwasch? Nicht mit mir. Keine Lust, die versprochene Pudelmütze für die Nichte zu Ende zu stricken? Na gut, gib schon her. Und »Kannst du noch mal schnell über meine Bachelor-Arbeit drübergucken?« bedeutet im Endeffekt, dass ich die meist noch skizzenhaften Notizen ein paar Tage später korrigiert, ausgearbeitet und fertig gebunden wieder zurückgebe. Meine Parole: Nicht der Weg, sondern das Ziel ist das Ziel, sonst würde schließlich der Weg Ziel heißen und nicht Weg. Im Übrigen demonstrierten schon Anfang der neunziger Jahre Umweltschützer in der Oberlausitz vor einem umstrittenen Wanderpfad, der durch ein Laichgebiet der Rotbauchunken führte, mit dem vorbildlichen Schlachtruf: »Der

Weg muss weg!« Mein schlimmster Albtraum ist die Vorstellung, wie Sisyphus zu enden: ohne Ende.

»Die Generation Smartphone scheint als Lebensziel nicht mehr das Häuschen im Grünen vor Augen zu haben, sondern schätzt vielmehr das unabhängige und flexible Wohnen in einer Stadt. Umzüge gehören in Zeiten der Globalisierung zum heutigen Leben dazu, machen aber eine langfristige Planung nur schwer möglich.«

Umzüge gehören nicht nur zum Leben, sondern auch zum Tod, geht es mir durch den Kopf. Schließlich bin ich ebenfalls von der Kleinstadt direkt nach Neukölln gezogen. Ich überlege einen Moment, ob ich beim Radio anrufen und eine entsprechende Ergänzung verlangen soll, aber der Anblick meines unvollendeten Puzzles lässt mich schnell wieder alle anderen Pläne verwerfen. Oben ist der Sand viel heller als unten; wenn man gerade mal fünf Minuten auf das Bild starrt, offenbaren sich einem die detaillierten Feinheiten. Diese Fähigkeit habe ich tatsächlich im Warteraum des Jobcenters erlernt. Da sage noch mal einer, in der Großstadt würde man den Blick für die kleinen Besonderheiten verlieren. Schwachsinn.

Nur 16 Stunden später komme ich aus dem Strahlen nicht mehr heraus. Es ist vollbracht. Das Kamel trottet zufrieden über seine vermaledeite Wüste, die Dünen strahlen im Glanz der untergehenden Sonne, und im Radio plappert eine aufgedrehte Stimme irgendwas von der lustigsten Morningshow Berlins. Kein Wort mehr von Platzmangel oder Überbevölkerung. Manche Dinge erledigen sich eben doch von alleine. Ich klopfe mir stolz auf das Schulterblatt. Plötzlich pocht es an meiner Zimmertür.

»Ja?«

Yvonne kommt mit zwei Kaffeebechern in der Hand herein.

»Ach, *hier* ist mein Riesenpuzzle gelandet. Nee, sag bloß du hast das ganze Teil geschafft? Wahnsinn.« Ich schaue sie misstrauisch an.

»Du willst mir doch nicht etwa weismachen, dass dieses Ding so rein zufällig in meinem Zimmer rumlag, als ich nach Hause gekommen bin, oder?« Meine Mitbewohnerin drückt mir schelmisch grinsend eine Tasse Kaffee in die Hand.

»Ja, okay, du hast schon recht. Tut mir leid, aber meine Großeltern sind übers Wochenende zu Besuch gekommen, und ich wollte nicht, dass du auf blöde Gedanken kommst. Ich meine, du bist immer noch der Tod, und nachher hast du womöglich irgendwelche unkontrollierbaren Urinstinkte. Tschuldigung. Schlimm?« Ich atme gespielt vorwurfsvoll aus.

»Ihr Menschen seit ganz schön manipulierend, wisst ihr das? Wehe, ich hör dich noch einmal über die Rentnerschwemme jammern.«

»Kommt nicht wieder vor, versprochen.«

»Mist, ich hätte es ahnen müssen, eine klassische Todesfalle. Ich vermute, du hast einen Algorithmus entwickelt, der im Vorfeld genau ausgerechnet hat, wie lange ich an diesem blöden Puzzle sitzen würde, was?«

»Richtig, hat optimal gepasst, meine Großeltern sind grad zur Tür raus. Wir haben eben noch gemeinsam gefrühstückt. Ich hab auch schon angefangen, sauber zu machen ... aber duhu?«

»Lass mich raten, du bist noch nicht ganz fertig geworden?« Yvonne grinste erneut frech. Natürlich könnte ich mich in solchen Situationen beschweren, über die Faulheit meiner Mitbewohner jammern und die himmelschreiende Ungerechtigkeit dieser Welt beklagen. Aber dann würden sich der Abwasch nur noch mehr verzögern, und wir würden stattdessen anfangen zu diskutieren. Ewig. Endlos. Ohne Ergebnis. Eine unerträgliche Vorstellung. Ich seufze laut auf und mache mich an die Arbeit. Das Leben ist wirklich kein Ponyfriedhof.

Armageddon mit Lucifa

»Und hier wohnst du jetzt?« Argwöhnisch schaut sich Lucifa in dem kargen, aber liebevoll eingerichteten Zimmer um.

»Klein, aber fein«, präsentiere ich der Teufelstochter stolz mein neues Reich. Stutzig bleibt sie vor der Topfpflanze stehen.

»Verrückt, du hast ja sogar lebendiges Grünzeug. Wie surreal.«

»Ja, das Ding hat mir mein Mitbewohner Thomas vermacht. Er hätte sie fast zugrunde gerichtet, als er die Pflanze im Suff mit Bier übergossen hatte. Aber ich konnte sie wieder aufpäppeln. Wie es aussieht, bin ich ein Tod mit grünem Daumen.«

»Tss. Wenn das dein Gevatter wüsste, müsstest du zur Nachschulung, du Öko.«

»Ach? Und wenn dein Papa ahnen würde, dass du dir die Haare an den Beinen entfernen lässt, müsstest du wieder zum Putzdienst ins Fegefeuer, du Pferdefuß.« Wütend stampft Lucifa mit ihrem Dreizack auf den Boden auf. Leichte Risse bilden sich im Laminat. Dieses Temperament wird sie wohl nie unter Kontrolle kriegen, denke ich mir, mitleidig meinen Boden betrachtend. Mit ein paar Vanillekeksen versuche ich, meine Freundin wieder zu besänftigen.

»Bäh, die schmecken ja scheußlich«, urteilt mein feuriger Gast nach dem ersten Bissen, allein schon aus Prinzip.

»Also der Rest der WG findet sie lecker.« Außerdem weiß ich aus Erfahrung, dass Lucifa während der nächsten Stunden zwar noch einige abfällige Bemerkungen über mein Lieblingsgebäck fallen lässt, am Ende dann aber doch alle Kekse gierig aufisst. Wahrscheinlich steht ihr der übliche Fraß in Teufels Küche schon längst Oberkante Unterkiefer, aber ein schlichtes Kompliment oder einen simplen Dank bringt die Gute trotzdem einfach nicht über ihr zartes Satansherz.

»Wie sind sie denn eigentlich so, deine Mitbewohner?«, erkundigt sie sich schließlich ganz ungeniert mit vollem Mund, als wir es uns auf meinem Sofa gemütlich machen.

»Och, eigentlich ganz nett. Sie gewöhnen sich langsam an den Tod. Morathi würde dir gefallen, sie ist eine echte Dunkelelfin. Also Teilzeit. Immer wenn sie vorm PC sitzt. Und sie hat ein Piercing. Also in echt. Das ist total psycho. Mitten in der Wange.«

»Gott, gegen diese Stadt wirkt die Hölle ja wie ein Nonnenkloster.«

Wirklich widersprechen kann ich ihr da nicht. Aber es können eben auch nicht alle so normal sein wie Tod und Teufel. Die Welt braucht auch ein paar Farben, Unterschiede, Spannungen, das macht sie doch so bunt. Aber das ist ein uraltes Problem, in Himmel und Hölle fehlt es den meisten Anwesenden chronisch an Toleranz.

»Was hast du jetzt eigentlich ausgeliehen?«, versuche ich zum eigentlichen Grund unseres Treffens zu kommen. Und diese scheinbar belanglose Frage ist ein wirklich heikles Thema, wenn man einen DVD-Abend mit einem Teufelsweib plant.

Theoretisch wollten wir zuerst *The Dark Knight* gucken, weil ich mich aus Spaß früher auch immer so genannt habe, aber als Lucifa herausgefunden hatte, dass Batman dort in mehreren Szenen angreifende Kampfhunde mit Tritten und Schlägen vertreibt, hat sie sich vehement gegen diesen Film ausgesprochen. So hart und tough die Satanstochter nämlich immer tut, so wenig sie mit der Wimper zuckt, wenn ein Haus in die Luft fliegt oder reihenweise Menschen abkratzen, so empfindlich reagiert sie, wenn einem Tier etwas zuleide getan wird. Da kann ich ihr dreimal sagen, dass das alles doch nur Fiktion ist und in der Realität sicher niemand verletzt wurde. Wenn Vampire durch die Nacht fliegen, Zombies ganze Städte leer mampfen oder Bösewichter die Welt mit Atombomben bedrohen, interessiert sich Lucifa bloß dafür, ob der Hamster links hinten in der Ecke die ganze Sache unbeschadet übersteht. Bei Jurassic Park ist sie mitten im Film aufgestanden und gegangen, nachdem es der Tyrannosaurus doch tatsächlich gewagt hatte, nicht nur Menschen, sondern auch noch die arme Ziege zu fressen. Titanic dagegen rührt Madame Dreizack regelmäßig zu Tränen, jedoch keinesfalls wegen der tragischen Liebesgeschichte oder des erschreckenden Unglücks, sondern bloß weil sie sich einbildet, dass der kurz eingeblendete Goldfisch von Deck 4 nach dem legendären Untergang gar nicht wie alle anderen Passagiere ertrinkt, sondern einfach fröhlich im Meer davonschwimmt. Das wird zwar nicht direkt gezeigt, aber Lucifa ist fest überzeugt, dass es genauso passiert. Und ich werde den Teufel tun und ihr verraten, dass ein Goldfisch im Atlantik keine zehn Minuten durchhalten würde, weil er nun mal eindeutig zu den Süßwasserlebewesen gehört. Die Auswahl des passenden Filmes für die sensible Gehörnte ist also bereits eine Wissenschaft für sich, weshalb ich diesen Prozess mittlerweile komplett ihr überlasse, um jede spätere Schuldzuweisung schon im Vorfeld zu umgehen.

»Wird dir gefallen«, sagt sie und kramt in ihrer Handtasche. »Täterätäää: Armageddon.«

»Uff. Der Titel lässt jetzt aber nicht eindeutig darauf schließen, dass da auch nur irgendjemand überlebt.«

»Keine Sorge, ich hab mich ganz genau erkundigt. Es handelt sich um einen Blockbuster mit Bruce Willis, und der rettet am Ende doch eh dauernd alles und jeden. Außerdem sagen meine Freunde vom 1. Satanistischen Tierschutzverein, dass es in dem Film zwar eine brenzlige Meteoriten-Situation gibt, in der bedauerlicherweise auch ein Hund in Gefahr gerät, aber, Hölle sei Dank, er übersteht sie unverletzt.«

»Wo bleibt denn da die Spannung? Aber Moment, ihr habt in der Hölle einen Tierschutzverein?«

»Klar, wir haben sogar enorme Mitgliederzahlen, denn für uns arbeiten unzählige verdammte Promoter, die jeden Eingewiesenen bereits am Eingang empfangen und so lange mit grausigen Massentierhaltungsbildern quälen, bis er bereitwillig bei uns eintritt. Vater kann mit den Beiträgen so viel Gutes tun.«

Ich muss an das Callcenter meines Gevatters denken. Unglaublich, was der Mensch so alles mit sich machen lässt. Da ist Armageddon vielleicht nicht einmal die schlechteste Wahl.

Wir schieben die DVD in den Recorder und ziehen uns den Film sowie die restlichen Vanillekekse rein. An einigen Stellen erscheint mir der Streifen dann doch etwas zu unrealistisch, aber vielleicht darf man da auch keine wirklichkeitsnahen Ansprüche stellen, wenn man sich selbst in der Situation befindet, der Tod zu sein und gerade mit niemand Geringerem als der Tochter des Teufels einen gemütlichen DVD-Abend verbringt. Ein riesiger Asteroid rast auf die Erde zu, und wie so oft packt auch mich schließlich das entsetzliche Szenario der drohenden Auftragsschwemme mit anschließender Arbeitslosigkeit für meinen Gevatter und unser ganzes Familienunternehmen. Obwohl mich dieses Dauerthema in Filmen, bei Jahreswechseln und in Reportagen auch gleichzeitig ein wenig amüsiert.

Da versteh einer die Menschlein. Sie hängen am Leben wie die Fliegen am Misthaufen, aber wenn es irgendwie die Aussicht auf einen hollywoodreifen Abgang gibt, dann sind sie voll dabei und machen aus diesem Dilemma ein Ereignis, als würde es sich bei einem zünftigen Weltuntergang um die einzige akzeptable Form des Dahinscheidens handeln. Ich bringe ja ungern Seifenblasen zum Platzen, aber man kann im Jenseits jeden gottverdammten Säbelzahntiger fragen: Kollektives Aussterben macht die Sache nun wirklich nicht gerade besser. Die Folgen sind ein Haufen Arbeit, überlastete Mitarbeiter und zwangsläufig erhebliche Einschränkungen im Service-Bereich. Ein Graus für einen kundenorientierten Tod. Wer möchte schon die Arbeit für Jahrhunderte an einem einzigen Tag erledigen? Lucifa interessieren solche Fragen nicht, sie bangt mit dem Hund, obwohl sie längst weiß, wie alles ausgeht.

Am Ende des Films legitimieren sich die USA mal wieder eindrucksvoll als zuverlässige Weltpolizei, denn während die verängstigten Europäer, Asiaten und Afrikaner nur zähneklappernd der nahenden Katastrophe entgegenblicken, schicken die Vereinten Nationen ein heldenhaftes Team mit Sprengstoff ins All, jagen den Asteroiden in die Luft und lassen den selbstlosen Bruce Willis sich zum gefühlt hundertsten Mal in seiner

Karriere für die menschliche Rasse opfern, so dass alle Erden-
bewohner im letzten Moment doch noch gerettet werden können. Sogar der Hund. Lucifa jubiliert. Steven Tyler schmettert
mit Orchesterbesetzung *I Don't Want To Miss A Thing*, und ich
genieße schlicht den Augenblick, in dem die nächste Generation Tod und Teufel gemeinsam ein Armageddon bestaunt und
die Welt noch vollkommen in Ordnung ist.

Totentanz

»Vor, vor, Wiegeschritt und rück, seit, Platz. Und noch einmal.
Vor, vor, Wiegeschritt ...«

Stocksteif und unnatürlich verkrampft stolpern Svenja und
ich über die Tanzfläche. So elfenhaft grazil die Bewegungen
meiner Mitbewohnerin am Computerbildschirm auch aussehen, so hölzern sind sie in der Realität. Aber ich gebe wahrlich
kein besseres Bild ab. Die anderen Paare weichen uns mit sor-
genvollen Blicken aus. So unwohl habe ich mich zuletzt gefühlt, als mich am Brandenburger Tor zwei Japaner fotografiert
haben, weil sie dachten, ich wäre in meinem ungewöhnlichen
Outfit ein zurückgelassener DDR-Ureinwohner.

»Gott, ich sterbe gleich vor Peinlichkeit. Svenja, ich kann
das nicht.«

»Jetzt stell dich nicht so an«, ermahnt mich meine Partnerin
und lässt ihr Wangen-Piercing bedrohlich funkeln. »Denkst
du, mir macht das Spaß? Aber ich darf mich nächsten Monat
bei der Feier nicht blamieren. Das ist echt wichtig.«

Warum um Gottes Namen nimmt sie dann ausgerechnet
mich mit? Ganz ehrlich: Um ernsthaft mit dem Gedanken zu

spielen, den Tod als Begleitung für eine Hochzeit in Betracht zu ziehen, muss man schon ziemlich seltsam drauf sein. Oder ziemlich unbeliebt. Na schön, das bin ich auch, insofern ermöglichen wir uns beide mit dieser Zusammenarbeit zumindest einmal die Teilnahme am gesellschaftlichen Leben, das sonst erneut ohne uns stattfinden würde. Anscheinend hat die arme Svenja wirklich niemanden anders, der sie zum großen Tag ihrer Schwester begleiten könnte. Und ich habe nun mal ein Helfersyndrom. Vor allem wenn es um Außenseiter geht. Hätte ich jedoch bei meiner unbedachten Zusage von diesem Tanzkurs geahnt, ich hätte mich wahrscheinlich ähnlich schnell verdrückt wie unser Mitbewohner Thomas, der bei diesem Thema urplötzlich Zigaretten holen gehen musste – und bis heute nicht mehr aufgetaucht ist.

»Okay, das sieht doch schon ganz gut aus«, versucht der Tanzlehrer über uns hinwegzusehen. »Dann kommen wir jetzt zum Disco Fox. Wir wiederholen erst mal alles, was wir letztes Mal neu gelernt haben. Und dann ergänzen wir heute das Herrensolo.« Svenja grinst.

»Das klingt nach Arbeit für dich, Todi.«

»Verdammt. Warum muss ich eigentlich immer die Herrenschritte tanzen? Wer sagt denn überhaupt, dass ich ein Mann bin?« Svenja zieht ihre gemalten Augenbrauen nach oben.

»Naja, *der* Tod. Der. Männlicher Artikel. Noch Einwände?«

»Ph, im französischen heißt es *la mort*, die Tod. Im Italienischen und im Spanischen auch. Du hast eine ziemlich nationalistische Denkweise, wenn du dich hier allein auf deine Deutschkenntnisse berufst.«

»Bitte? Ich habe was?«

»Naja, es zeugt gegenüber anderen Völkern und Sitten von

einer erschreckenden Ignoranz, wenn dein einziges Argument der Artikel einer global eher zu vernachlässigenden Sprache sein soll. Und ganz nebenbei: Ich wurde völlig geschlechtsneutral erzogen.«

»Willst du das jetzt ernsthaft genau in diesem Moment hier ausdiskutieren?« Ich nicke störrisch. Svenja wendet sich genervt ab. Aus dem Paar neben uns löst sich eine Dame, kommt zu uns herüber und flüstert mir zu: »Entschuldigen Sie, wenn ich mich einmische, aber was ist denn mit dem Begriff *Sensenmann*? Den gibt es durchaus auch noch in anderen Regionen dieser Erde. Wir waren neulich erst im Urlaub in ...«

»Ach, ich bitte Sie«, unterbreche ich sie sofort, »dieses Wort ist doch ein antikes Relikt aus längst vergangenen, männlich dominierten Zeiten. Ist der Feminismus denn völlig spurlos an Ihnen vorübergegangen?«

»Nein, natürlich nicht«, entrüstet sich die Dame. Der Tanzlehrer schaut irritiert zu uns herüber.

»Gibt es Probleme da drüben?«

»Nein, nein«, antwortet Svenja schnell, »der Tod hat nur mal wieder eine Identitätskris...«

»Ich tanze jetzt das Herrensolo!«, ruft die Dame, die eben noch bei uns stand, bestimmt in den Saal. Herausfordernd schaut sie zwischen ihrem Tanzpartner und dem Lehrer hin und her.

»Aber, Beate, wieso willst du denn jetzt auf einmal das ...«

»Bravo«, bemerke ich laut, »bravo. Da traut sich endlich mal jemand die traditionellen Fesseln abzustrei...«

»Okay, okay, dann tanze ich eben auch dieses blöde Herrensolo«, ergreift nun auch Svenja trotzig das Wort. Der Tanzlehrer schaut völlig entgeistert.

»Aber, meine Damen, das geht doch so nicht. Das ...«

»Wir haben uns lang genug sagen lassen, was geht und was nicht«, kommt es aus einer anderen Ecke. Gemeinsam stimmen einige Frauen die Parole »Herrensolo für alle« an. Chaos bricht aus. Männer protestieren, der Lehrer versucht zu schlichten, überall probieren Menschen, die Schritte des jeweils anderen Geschlechts auf das Parkett zu legen. Manche stürzen, viele lachen. Immer wieder brandet lautstark der Schlachtruf »die Tod, die Tod« auf. Svenja und ich tanzen mittendrin, voller Adrenalin und ohne auch nur eine der gelernten Tanzfolgen anzuwenden, quer durch den Saal. Der DJ spielt eine Dauerschleife von Wolfgang Petrys »Wahnsinn, ich schick dich in die Hölle«.

Als wir am Abend nach Hause gehen, frohlockt meine sonst so düstere Mitbewohnerin: »Die Stunde hat heute doch mal richtig Spaß gemacht. Tanzen ist gar nicht so doof, wie ich immer dachte.«

»Siehste«, sage ich zufrieden und boxe neckisch gegen ihre Schulter, »wäre doch gelacht, wenn wir das bei der Hochzeit deiner Schwester nicht auch hinkriegen würden, oder?«

Internationale Synonyme für das Sterben

Ausspruch	Wörtliche Übersetzung	Kommentar
pushing up the daisies (England)	Die Gänseblümchen nach oben drücken	Eine ähnliche Sichtweise, wenn man in deutschen Landen »die Radieschen von unten anschaut«

Ausspruch	Wörtliche Übersetzung	Kommentar
Il mange les pissenlits par la racine (Frankreich)	Die Löwenzahnwurzeln fressen	Kaum zu glauben, was dort unten alles so wächst und gedeiht.
свіже м'ясо для хробаків (Russisch)	Frischfleisch für die Würmer werden	Fressen und gefressen werden, der ewige Kreislauf
se mudó a un mejor barrio (Argentinien)	Sich um eine bessere Nachbarschaft bemühen	Diesen Beweggrund können wahrscheinlich viele Schwaben nachvollziehen.
Den Löffel abgeben (Deutschland)	–	Im Mittelalter bestand das Essen für arme Leute meist aus Brei, den man in einer Schüssel und mit einem Löffel zu sich nahm. Wer »seinen Löffel abgab«, hatte keine Möglichkeit zur Nahrungsaufnahme, was in den meisten Fällen den Tod zur Folge hatte. Oder einen Job auf dem Laufsteg.
Pop your clogs (England)	Die Holzschuhe abgeben	Ganz ähnlich wie der Löffel stellte der Holzschuh für die sogenannten »Millworker« im 19. Jahrhundert in Großbritannien ein überlebenswichtiges Utensil dar. Und wer seine Schuhe abgibt, das werden die meisten Frauen bestätigen können, schließt definitiv mit seinem Leben ab.
mit 'n anasiebziger fohrn (Österreich)	Mit der 71er fahren	Ach, meine Ösis. Die Straßenbahnlinie 71 fährt in Wien zum Zentralfriedhof.

Ausspruch	Wörtliche Übersetzung	Kommentar
Петрус ворота відркриє (Russland)	Petrus öffnet die Tore.	Türsteher im Paradies, das ist wahrlich kein Traumberuf. Aber immerhin wird man so zum Bestandteil vieler Witze. Zum Beispiel: Sagt der Handwerker vor Petrus: »Ich bin doch erst 37, warum musste ich so früh sterben?« Antwortet Petrus: »Sorry, nach den Stunden, die du deinen Kunden berechnet hast, bist du schon 93.«
To kick the bucket (England)	Den Eimer wegtreten	Diese Redewendung stammt von der Vorstellung eines zum Tode Verurteilten oder eines Selbstmörders, der mit der Schlinge um den Hals auf einem Eimer steht. Im vereinigten Königreich ist man in dieser Hinsicht souverän unsensibel.
'n holzpyjama anziagn (Österreich)	Den Holz-Pyjama anziehen	Damit ist natürlich der Sarg gemeint. Aber es klingt immer alles so sympathisch in Österreich.
Estirar las piernas (Spanien)	Die Beine ausstrecken	Platz ist im *Jenseits* reichlich vorhanden. Wir haben sogar eine ganze Shopping-Meile mit Schlecker, Praktika und Quelle. Da kann auch noch mit D-Mark bezahlt werden. Aber Beeilung, wir stehen kurz vor der Euro-Einführung. Buchen Sie noch heute.

Ich sitze auf einer klapprigen Holzbank in einem karg einge-richteten Aufenthaltsraum und trinke meinen siebten Kaffee an diesem Vormittag. Neben mir unterhält sich gerade Heid-run mit Doktor Mösenstein über die Körbchengröße von Til Schweigers Freundin.

»Na, echt sind die Dinger bestimmt nicht!«, meint sie.

»Keine Frage, meine Liebe, keine Frage«, antwortet er.

Doktor Mösenstein ist Ende fünfzig und spielt seit drei Jah-ren die Rolle des Doktor Mösenstein in einer angeblich lusti-gen TV-Krankenhaus-Serie. Er kommt alle vier Folgen einmal ins Bild gelaufen, sagt einen witzigen Satz und verschwindet wieder. Eine echte Kultrolle, wie er selbst sagt. Aber scheinbar nicht kultig bezahlt, sonst würde er nicht jetzt hier mit uns anderen Statisten die unterste Schicht der Medienbranche be-dienen. Seinen richtigen Namen hat der Gute längst vergessen. Aber er weist jeden wie ein Opa, der seine Auszeichnungen vom Ersten Weltkrieg aufzählt, ungefragt stolz auf über 30 Jahre Komparserie hin.

Heidrun ist dagegen überzeugte Hausfrau. Doch für Hol-lywood – das hat sie mir gleich am Anfang versichert –, für Hollywood würde sie sofort alles stehen und liegen lassen. Sogar ihren Wellensittich. Ihren Mann erwähnt sie erst gar nicht. Deshalb sagt sie auch immer sofort zu, wenn die Leute von der Filmagentur anrufen. Man könnte ja doch noch ent-deckt werden.

»Ich hab das auch mal überlegt. Die Brüste und so. Aber das ist nun vorbei, jetzt ist eh nichts mehr zu retten«, jammert sie gerade.

»Aber, aber, meine Teure. Im Alter bekommen wir erst richtig Ausstrahlung. Sie glauben ja gar nicht, wie mir die jungen Hühner hinterherschauen. Ich sage Ihnen ...«

Ich kippe mir erschüttert den Kaffee in den Schädel. Oft wird behauptet, dass dieser oder jener Tod ganz schrecklich sinnlos gewesen wäre, aber wenn man dann mal beim Film arbeitet und stundenlang stupide wartet, bloß um einmal kurz durch das Bild zu rennen, dann begreift man recht schnell, dass das Leben in vielen Phasen auch nicht immer wertvoll ist.

In Berlin gibt es unzählige Komparsen- und Kleindarsteller-Agenturen. Hier werden haufenweise TV-Serien gedreht, der Filmpark Babelsberg lockt Regisseure aus aller Welt, und die Werbeindustrie produziert einen total angesagten Großstadt-Spot nach dem anderen. Es war praktisch nur eine Frage der Zeit, bis auch ich als kleiner orientierungsloser Tod mal auf diesem Boulevard der großen Träume und gescheiterten Hoffnungen strande. So was passiert eben, wenn man sich dem Leben leichtsinnig ausliefert. Auf der Suche nach einem Nebenjob ohne viel Aufwand und körperliche Mühen hat mir Svenja die Arbeit als Komparse empfohlen. Meine doch sehr spezielle Mitbewohnerin arbeitet nämlich bereits seit vielen Jahren für eine dieser Vermittlungsagenturen und hat schon in diversen großen Kinofilmen mitgespielt. Wobei »mitspielen« für einen Statisten immer relativ ist, denn »zu sehen« ist man dann am Ende eigentlich nie, es zählt allein der olympische Gedanke.

Was Svenja, Heidrun, Doktor Mösenstein und mich vereint: Im Film findet jeder noch so abschreckende Freak seinen Platz, denn vor allem außergewöhnliche Optik wird händeringend gesucht. Ist ein Wangen-Piercing oder eine Kutte im Alltag manchmal hinderlich, machen einen diese Besonderheiten für die Kamera erst interessant. Tatsächlich bekomme ich nun beinahe täglich Rollenangebote als Mönch, verhüllte muslimische Frau, Bösewicht, Star-Wars-Fan oder Imperator-Double. Heute wurde ich jedoch nur als stinknormaler Gast in einem Restaurant gebucht, was wahrscheinlich weniger an meiner Kleidung als vielmehr an der Tatsache liegt, dass es sich bei dieser Produktion um einen Film von Til Schweiger handelt, dem es laut Svenja völlig egal ist, wie man aussieht, Hauptsache er selbst ist groß genug im Bild zu sehen. Zwar haben wir Til Schweiger bisher noch nicht zu Gesicht bekommen, denn der Bereich für uns Komparsen liegt nicht direkt am Nabel des Geschehens, sondern eher auf der anderen Seite bei den Dixie-Klos, aber Heidrun ist der festen Überzeugung, ihn beim letzten Toilettengang zumindest gerochen zu haben.

»Das hatte was von High Society, eine Mischung aus Zigarettenrauch, Champagner und Dünnschiss.« Um nicht einzuschlafen, hole ich mir meinen achten Kaffee und stelle mir vor, wie Steven Spielberg bei Heidrun anruft, weil er sie beim neuen Schweiger-Film in Szene zwölf bei einem Kameraschwenk am rechten Bildrand in der völlig überzeugenden Rolle einer herumstehenden Passantin entdeckt hat.

»Hey, Heidrun, hier Steven aus Hollywood. Ich sitz grad an der Besetzung für die Hauptrolle von Titanic 2. Kate hat eben abgesagt, und da musste ich ganz spontan an dich denken.« Ein Talent fürs Drama kann man der energischen Dame auf jeden Fall nicht absprechen.

»Ich kann mit Stolz von mir behaupten, dass ich der Prototyp der deutschen Putzfrau bin. Wird in irgendeinem Film eine Putzfrau gesucht, dann läuft das nur über mich. Ich hab sogar meine eigenen Putzutensilien, da kann jede Requisite einpacken.«

Ich bin mir sicher, in den Fünfzigern wäre Heidrun mit dieser Rolle eine ganz große Nummer geworden. Heute blockieren so neuzeitliche Trends wie Gleichberechtigung oder Männerquote im Putzbereich ihren längst verdienten Durchbruch. Nicht nur der Tod kommt manchmal ungünstig, einige werden auch einfach zur falschen Zeit geboren.

»Deutsche Putzfrauen? Gibt es so was überhaupt noch?«, fragt Paul unschuldig. Heidrun verdreht die Augen, aber Paul darf so blöd fragen, denn Paul ist ein Gewinner. Gewinner sind eine ganz skurrile Spezies im Statistenuniversum. Die arbeiten nämlich umsonst, also komplett ohne Gage und sind trotz aller Eintönigkeit immer tierisch glücklich. Denn sie haben ihre Rolle bei einem Preisausschreiben gewonnen und dürfen mittendrin sein. Das ist ganz großes Kino. Dass alle anderen für denselben Spaß Geld bekommen, verrät Paul aber natürlich keiner. Das ist ungeschriebenes Komparsengesetz. Wenn sich hier schon mal einer ernsthaft freut, dann steht er sofort unter Artenschutz. Ich überlege bereits seit Stunden, ob man nicht vielleicht auch den Tod als Gewinnspiel tarnen sollte: »Herzlichen Glückwunsch, unter 8 Milliarden Bewerbern wurden per Zufallsgenerator ausgerechnet Sie ausgewählt und haben eine All-inclusive-Reise ins heiß begehrte Jenseits gewonnen. Ein Traumland, so schön, dass jeder, der nur einmal dort war, in der Regel für immer geblieben ist!« Dann ein bisschen Konfetti-Regen, ein schöner Jingle, und fertig ist die pure Lust aufs Sterben.

»Hab ich selber gebaut vor knapp zehn Jahren«, präsentiert Doktor Mösenstein gerade seinen ausklappbaren Campingstuhl mit Rädern. »Extra für die Dreharbeiten. Mit Flaschenhalter und Thermokissen.« Heidrun ist begeistert, Paul staunt.

»Du Gott!« Ich überlege kurz, wem von beiden unser Gewinner da mehr schmeichelt. Aber auch ich bin offen gesagt schwer beeindruckt. Erstaunlich, welche kreativen Höchstleistungen durch stumpfsinniges Herumsitzen ausgelöst werden können. Zu Recht, stelle ich fest, wird der Mensch als Krone der Schöpfung bezeichnet.

Als die Sonne langsam dorthin versinkt, wo meine Laune bereits seit Stunden verharrt, kommt ein dritter oder vierter Regieassistent zu uns gerannt und meint, dass wir bitte nicht vergessen dürften, dass wir Gruppe Nummer fünf wären. Diese Nachricht ist die erste Anweisung des Tages, seit wir uns wie angewiesen heute morgen um sechs am Set eingefunden haben. Alle geraten in Aufruhr, Doktor Mösenstein klappt den Campingstuhl zusammen, Heidrun stopft sich Papiertaschentücher ins Dekolletee, und Paul nuschelt leise vor sich hin: »Gruppe Nummer fünf, bloß nicht vergessen, Gruppe Nummer fünf. Verdammt, welche Gruppe war das jetzt? Ach ja, Gruppe fünf, nicht vergessen, fünf! Fünf. Fünf. Fünf.«

Kurz vor einem Koffeinschock und nach einer weiteren Stunde mit einigen hochinteressanten Monologen über das korrekte Putzen von Backöfen sind wir tatsächlich an der Reihe. »Gruppe eins zum Motiv!«

»Das sind wir. Das sind wir!«, ruft Paul aufgeregt. Dass wir eigentlich Gruppe Nummer fünf sind, interessiert plötzlich überhaupt niemanden mehr, wahrscheinlich gibt es auch gar keine anderen Gruppen außer uns, und das Ganze handelt sich einfach nur um irgendeinen psychologischen Test, für den wir ursprünglich da sind. Nach gefühlten Jahren der Gefangenschaft torkeln wir schlaftrunken zum Set. Unser junger Gewinner voller Ehrgeiz voraus. Von hinten sichern im gemäßigten Tempo die erfahrenen Veteranen Heidrun und Doktor Mösenstein. Ich mittendrin, zwischen den Welten, wie es nun mal meine Art ist.

Wir werden in ein richtiges Bistro geführt. Der ganze Raum ist voll mit Kameras, Lichttechnik und wichtigtuenden Personen, die wahlweise in ihr Headset quasseln, dicke Manuskripte durchblättern oder einfach nur gehetzt in der Gegend herumlaufen. Til Schweiger steht umringt von diversen Assistenten in der Ecke und raucht. Allein während der wenigen Sekunden, die ich an ihm vorbeigehe, zieht er locker zwei Zigaretten weg. Bevor ich ihm dafür meinen tödlichen Respekt zollen kann, ruft mich einer von den Wichtigen herbei.

»Hey, du da! Man in black, herkommen. Du setzt dich hierhin.« Ich werde willkürlich an einen Tisch platziert, bekomme einen kunstvoll dekorierten Salatteller vor die Kutte geknallt und den Hinweis »Nicht wirklich essen, sonst gibt's nachher Anschlussfehler«. Ich lerne: Wenn im Restaurant ein Tod sitzt, dann fällt das niemandem auf, aber wenn später im Schnitt plötzlich ein Salatblatt auf seinem Teller fehlt, dann geht der Kinogänger auf die Barrikaden. Hier wird auf die wirklich wichtigen Dinge geachtet. Paul darf während der Szene sogar einen Gang einmal quer durchs Restaurant machen. Heidrun und Doktor Mösenstein sind stolz wie Eltern und zwinkern unserem Gewinner aufmunternd zu. Dann geht es ans Eingemachte.

»Ton läuft!«

»Kamera ab!«

»Und bitte!«

Stille. Eine Frau betritt das Lokal und schaut sich suchend um. In ihrer Hand eine ...

Krach. Bumm. Klirr.

»Abbruch!«

Paul ist aus Versehen gegen den Kellner gerannt.

»Oh, nein, das tut mir leid, oh, nein, das tut mir leid, wo ist das Loch, in dem ich versinken kann?«

Nun mach mal halblang, denk ich mir, von echter Arbeit hat hier keiner was gesagt. Sofort laufen die eifrigen Assistenzkräfte herbei, kreuz und quer, Heidrun fegt spontan das Scherbenchaos zusammen. Ein Kehrblech hat sie immer dabei. Paul versucht zu helfen, stößt dabei aber noch ein weiteres Glas vom Tisch. Nach vielen beruhigenden Worten wird sein Gang ersatzlos gestrichen, und unser Nesthäkchen muss an meinem Tisch Platz nehmen.

»Das war ja so klar, dass das wieder *mir* passiert. Wie peinlich. Til Schweiger wird nie wieder ein Wort mit mir reden.« Ich lege väterlich die Hand auf seinen Arm.

»Paul, Til Schweiger hat auch bisher noch nie ein Wort mit dir geredet.«

»Ja, schon klar. Aber vielleicht wären wir ja Freunde geworden.«

Stimmt, der arme Til hat sich bestimmt nichts sehnlicher gewünscht, als endlich mal einen echten Gewinner als Kumpel zu haben. Wieder eine Chance, die das Leben ungenutzt verstreichen lässt.

»Dafür hast du jetzt mich als Freund. Und Doktor Mösenstein. Und Heidrun.« Wie verabredet heben unsere beiden älteren Gefährten am Nebentisch das Glas und winken uns trotz sofortiger Ermahnung der Assistenz aufmunternd zu.

»Freunde fürs Leben?«, fragt mich Paul schüchtern und maßlos zugleich. Ich muss lachen.

»Ach, wenn du dir Mühe gibst, dann sogar weit darüber hinaus.« Jubelnd springt Paul auf. Die Szene wird erneut abgebrochen. Abgedreht, denk ich mir, so was gibt es wirklich nur im Film.

Todesangst

Seit drei Wochen plagen mich grausame Zahnschmerzen. Einen Zahnarzttermin habe ich dennoch immer wieder herausgezögert, denn ich mache mir fast in die Kutte, wenn ich nur an diesen Ort des Schreckens denke. Nicht nur, dass ich es entwürdigend finde, wenn mir jemand penetrant unter die Kapuze leuchtet, um mir dann ungeniert an meinem Kiefer herumzufummeln. Nein, allein das Geräusch des Bohrers und der Geruch im Warteraum bringen mich fast um den Verstand. Ja, ich weiß, es klingt komisch, wenn sich der Tod vor irgendetwas fürchtet. Aber wir sprechen hier schließlich nicht über so etwas völlig Unbegründetes wie Angst vor Clowns, Spinnenphobie oder Furcht vorm Sterben. Es geht um die Kammer der Qualen, um die Hölle auf Erden, um den Spinat unter den Ärzten. Vier lange Jahre habe ich jeglichen Kontakt mit diesen erbarmungslosen Mundklempnern vermieden, seit mir mein letzter Zahnarzt völlig ohne jedes Einfühlungsvermögen an den Schädel warf: »Und beim nächsten Mal ziehen wir dann die Weisheitszähne.« Ziehen. Zähne. Mehrere. Mir kamen sofort Exekutionsgedanken, meine Sense zuckte wie von selbst, aber ich entschied mich dann doch für die friedvolle Variante, nämlich einfach nicht mehr hinzugehen und somit das »nächste Mal« bis in alle Ewigkeit zu verschieben. In der Theorie ein sehr weiser und wirklich gutherziger Entschluss, in der Praxis zerstört allerdings mein schmerzender Backenzahn diesen so wundervoll einfachen Plan. Bereits der Anruf in der Praxis kostete mich all meine Überwindung.

»Hallo? Herr Tod? Sind Sie noch dran? Sie sagen ja gar nichts mehr.«

»Ich glaub, mein Backenzahn tut doch nicht mehr weh. Na, so was aber auch. Gut, dann hat sich das wohl von selbst erledigt.«

»Meinen Sie wirklich? Wann waren Sie denn das letzte Mal zur Kontrolle da?«

»Ach, erst vor kurzem. Vor zwei, vielleicht drei Jahren. Könnten inzwischen auch vier sein ...«

»Oh, dann sollten Sie aber mal dringend vorbeikommen.«

»Dringend? Ist das nicht irgendwie komisch, wenn Sie so was zum Tod sagen? Überlegen Sie sich das lieber noch mal.«

»Da gibt's nichts zu überlegen. Ich würde sagen, wir vereinbaren gleich mal einen Termin.«

»Können wir damit nicht noch ein paar Monate warten? Ich hab aktuell wirklich viel zu tun.«

»Also, Herr Tod, gerade von Ihnen hätte ich erwartet, dass Sie begreifen, dass es Dinge gibt, die man nicht ewig aufschieben kann.« Ich konnte sagen was ich wollte, ich bekam auf alles einen Konter. Es gibt Leute, mit denen darf man nicht diskutieren, weil sie einen in Gespräche verwickeln, in denen man nur verlieren kann, weil sie von mafiösen Mächten genau

144

für diesen Zweck ausgebildet wurden und wie eine Spinne geduldig lauern, bis man sich komplett in ihrem Netz verfangen hat und bereitwillig kapituliert. Und ich armer Tod bin genau der Typ Opfer, auf den solche Leute warten. Das verschaffte mir allein in der vergangen Woche ein Zeitungs-Abo, eine Mitgliedschaft bei UNICEF und das Fatalste: einen Zahnarzttermin.

Und nun sitze ich hier im Warteraum des Grauens, blättere zum zehnten Mal die Gala durch und schwitze meine Kutte voll. Ich bin wahrlich kein Heldentod. Neben mir spielt ein Kind, fröhlich vor sich hinsingend, mit einer Eisenbahn.

»Sag mal, Kleiner, hast du denn gar keine Angst?« Unschuldig guckt der Junge von seinem Holzspielzeug auf.

»Vorm Zahnarzt? Nö. Tut gar nich' weh. Hab auch immer geputzt. Khh, du siehst aber komisch aus.«

»Ach, ich bin einfach ziemlich nervös, weißt du? Normalerweise mach ich nicht so einen jämmerlichen Eindruck. Ich bin nämlich der Tod.«

»Cooool. Wenn ich groß bin, dann will ich auch mal Tod sein.«

»Das wirst du, keine Sorge. Das hat bisher jeder geschafft.«

»Hoffentlich werd ich dann nich so'n Angsthase wie du.«

»Hey, ich bin doch kein ...«

»Herr Tod, bitte ins Behandlungszimmer 2.«

Ich schreie erschrocken auf, der Junge rollt lachend über den Boden. Na toll, was bekommt die Jugend denn jetzt schon wieder für einen Eindruck von mir. Ich versuche, mich zusammenzureißen und singe in Gedanken das Lied aus der Sesamstraße »Ich hab Mut, Mut, Mut und keine Angst«. Kurzentschlossen gehe ich in den nebenan liegenden Raum, doch als ich den unverkennbaren Folterstuhl erblicke, schlottern mir bereits wieder unwillkürlich die Knie. Bevor ich meine panischen Gedanken jedoch für eine geordnete Flucht sortieren kann, begrüßt mich auch schon die verdächtig freundliche Stimme des Kerkermeisters.

»Oh, welch seltener Gast! Der Tod kommt zur Kontrolle, sehr schön. Schmerzen?«

Nichts, was ich ausgerechnet einem Halunken wie dir verraten würde, denke ich. Aber ein warnendes Ziehen in meinem Kiefer lässt mich einknicken.

»Wenn ich jetzt lüge, finden Sie es wahrscheinlich eh gleich heraus, oder?« Der Zahnarzt nickt. »Na gut, mein linker Backenzahn macht ein paar Probleme.«

»Na, dann schau ich mal, was ich tun kann.«

Eine Menge, wie sich herausstellt. Ich werde auf dem Stuhl in waagerechte Position verfrachtet und unter gleißendem Licht begutachtet. In meinem Schädel schwirren die seltsamsten Gedanken umher.

Rein theoretisch, wenn es drauf ankommen würde, Sense gegen Bohrer, wer würde wohl gewinnen?

Oje, bin ich überhaupt krankenversichert?

Hoffentlich übersieht er die Weisheitszähne. Wozu hat man die blöden Dinger überhaupt?

Oh Schreck, hat der da eine Spritze in der Hand?

Wenn dieser Kerl jetzt noch einmal »nun entspannen Sie sich« zur mir sagt, dann zeig ich ihm gleich, was totale Entspannung heißt.

Aua. Hoffentlich hält die Narkose nicht wieder so ewig. Man hat dabei immer so einen dämlichen Gesichtsausdruck.

Verdammt, nun holt der wirklich noch den Bohrer. Kann man das nicht homöopathisch behandeln? Mit Kräutern oder kleinen weißen Kügelchen? Himmel, hab ich das Bügeleisen ausgemacht? Ich glaub, ich muss weg.

Ah, er berührt mich.

Ich sterbeeee!!!

Fünf Minuten später ist alles vorbei.

»Geschafft. Und? War es so schlimm?«

»Nicht ganz so schlimm, wie ich es mir vorgestellt habe. Aber das wäre dann auch wirklich arg schlimm gewesen.« Zufrieden lächelt der Arzt.

»Sehen Sie, manche Dinge sind eben nicht ganz so schrecklich wie der Ruf, der ihnen vorauseilt, Herr Tod. Am besten, Sie lassen immer alles einfach auf sich zukommen und bilden sich dann Ihr eigenes Urteil. Ich verstehe, dass viele Menschen Angst vor mir haben, aber ich tue auch nur, was getan werden muss. Natürlich verschafft meine Arbeit auch Schmerzen, aber ebenso Erleichterung und Ruhe.«

Oh Mann, Zahnärzte, denke ich nur, in welcher Welt leben die denn? Selten so einen gequirlten Blödsinn gehört. Trotzdem bin ich kurz davor, nun doch regelmäßig zur Vorsorge zu kommen. Beinah hätte es geklappt. Hätte der Idiot in Weiß nicht bei der Verabschiedung gesagt: »Bis zum nächsten Mal. Dann kümmern wir uns auch um Ihre Weisheitszähne.«

Die Unterwelt

Immer wieder zuckt der Kopf des Jugendlichen unkontrolliert hin und her. Ich muss trotz der beängstigenden Situation sofort an einen Specht denken. Schweiß läuft an ihm herab, er atmet sichtbar schwer. Sein ganzer Körper scheint sich unter unsichtbaren Einschlägen zu winden. Der Boden vibriert bedrohlich, Lichtblitze durchbrechen gelegentlich die Dunkelheit und ermöglichen mir das Erkennen neuer verstörender Details. Ohne Vorwarnung reißt der Junge plötzlich seine Arme in die Luft, ich spüre, wie er irgendetwas herüberschreit, doch ich verstehe wegen des Gedröhnes nicht einmal im Ansatz, was er gemeint haben könnte, und schaue bloß fragend zurück. Dann schließt er seine Augen und wippt nur noch apathisch hin und her, als würde er sich bereits auf dem Weg in eine andere Welt befinden. Die Blitze verdichten sich zu einem immer schneller werdenden Flackern, die Farbe des Lichtes wechselt von Stechendweiß zu Dunkelblau. Mein Gegenüber scheint all dies gar nicht mehr zu registrieren. Mir wird ein wenig übel. Die ganze Situation ist schon schwer genug zu begreifen, wenn es hier unten nur diesen einen jungen Mann geben würde, doch ich befinde mich in einer riesigen Grube mit Hunderten und Aberhunderten von Leibern, die alle mit denselben Symptomen zu kämpfen haben. Wie willenlose Marionetten staksen sie auf der Stel…

»Fetter Bass, oder?«, brüllt jemand plötzlich wenige Zentimeter neben meinem Schädel. Thomas steht mit seinem besten Freund in der Hand, einer Bierflasche, erwartungsvoll vor mir und grinst mich an. Sein Oberkörper wackelt dabei wie bei allen anderen beständig im Rhythmus der aus den Boxen lärmenden Musik. Menschen in Discotheken wirken auf mich jedes Mal, als wären sie kurz davor, auf die andere Seite zu müssen, vor allem wenn sie tanzen. Aber vielleicht war ich auch einfach schon zu lange im Dienst meines Gevatters unterwegs.

Ich strecke meinem Mitbewohner zustimmend den Daumen entgegen und versuche, ein wenig mitzuzappeln. Eine längere Diskussion hätten meine sensiblen Gehörgänge bei dieser Geräuschkulisse einfach nicht überlebt. Da muss man als Tod realistisch bleiben.

Ich schaue auf die Uhr. Es ist 11 Uhr 38, mittags. Thomas meint, dass sei in Berlin eine völlig normale Zeit, wenn man das echte Nachtleben der Hauptstadt erkunden möchte. Denn so sei man in den Clubs total unabhängig von den starren Fesseln bürgerlicher Kategorien wie Tag oder Nacht und vollkommen befreit von jeglicher weltlichen Verpflichtung wie schlafen oder aufstehen. Und anscheinend ist er mit dieser Meinung nicht allein, denn während draußen die Sonne scheint, ist der düstere Schuppen brechend voll. Gegen die Norm tanzen bei 120 Beats pro Minute. Ob sich diese Leute ebenso dem Sterben verweigern würden, weil sie die Abfolge Leben – Tod auch nur für eine weitere alte Spießer-Regel halten? Nein, denn Thomas hat mir erzählt, dass selbst die autonome Feierei ihre Grenzen hat. Spätestens am Montag sitzen sie alle wieder brav in ihrem Büro und formulieren Gesetzesentwürfe für Abgeordnete oder füllen vorbildlich Rezepte für Medikamente aus, die sie sich am Wochenende noch selbst einwerfen. Das ist doch irgendwie auch schon wieder beruhigend.

Wie aus dem Nichts tauchen einige Bekannte meines Mitbewohners auf und drücken uns zwei Gläser mit einer dunkelbraunen Flüssigkeit in die Hand. Dankbar nicke ich ihnen zu, ahnend, dass dieser Drink ein paar Stunden später zu einem ziemlich dicken Schädel führen wird. Und wenn ein echter Sensenmann von einem ziemlich dicken Schädel spricht, dann heißt das schon was.

Ich verdrücke mich von der Tanzfläche, um ein bisschen frische Luft zu schnappen, das Gesöff heimlich zu entsorgen und eine zu rauchen.

»Haste mal Feuer?«, werde ich draußen direkt angesprochen. Klar, habe ich, und als Tod ist man in solchen Momenten besonders hilfsbereit.

»Danke, Mann. Der DJ legt nach meinem Geschmack viel zu viel Deep House auf. Ich steh ja mehr so auf die progressive Electro-Schiene. Und du?«

»Ich? Mh? Also ich mag's gern einfach insgesamt etwas weniger.« »Echt? Mehr so Minimal, oder was? Ich hätte dich jetzt eher so auf Death Metal oder Gruftie Punk geschätzt.«

Tsss, selbst unter den Pseudo-Revoluzzern findet man nix als Vorurteile. Ich schnipse enttäuscht meine halbangebrochene Zigarette in die Ecke, verschenke meinen Drink und wage mich in den bisher unbekannten Toiletten-Bereich.

Die WC-Bereiche in der Berliner Clubszene haben naturgemäß einen recht beschissenen Ruf, aber als Tod habe ich gelernt, dass gerade an den ungewöhnlichsten Orten die zauberhaftesten Schätze verborgen liegen können. *Können,* nicht *müssen.* Und ja, ich gebe zu, um auf einem Berliner Club-Klo Schönheit zu finden, muss man schon mit einer gehörigen Portion Idealismus an die Suche herangehen. Wie nicht anders zu erwarten ist meine Kabine so vollgesifft, dass ich mich kaum traue, den Deckel zu heben. Doch ein kleiner Spruch an der Wand erhellt sofort meine Laune: »Hast du im Leben nix zu lachen, lass es auf dem Örtchen krachen.« Geschwind ziehe ich einen Edding aus meiner Kutte hervor und ergänze: »Doch mach danach schnell sauber fein, sonst kann auch der Tod nicht lustig sein.« Die Wände eines WCs sind grundsätzlich ein wahrer Hort von gesammeltem Wissen und philosophischen Diskursen.

»Ist Aftershave eigentlich das Gegenteil von Mundwasser?«

»Klopapier alle? Na, wo ist dein Gott jetzt?«

»Es ist so traurig. Ich habe noch nie etwas zu Ende gebrac...«

Den letzten Satz ergänze ich durch ein »Gib nicht auf, ich verspreche dir, gemeinsam können wir was schaffen«.

Soviel Hoffnung, soviel Weisheit, die großen Dichter und Denker vereint eben nicht nur der Tod, sondern auch das WC.

»Ich habe das Gefühl, ich bin in diesem Moment der Einzige in der Stadt, der weiß, was er tut.«

»Montage sind gar nicht so schlimm. Es ist dein Scheißjob, der dich fickt.«

»Das Leben ist eine Krankheit, die nur der Tod heilen kann.«

Ach wie lieb. Ich suche den Gefällt mir-Button. Wenn in vielen hundert Jahren Archäologen diese Sanitäranlagen ausgraben und all diese Inschriften lesen werden, dann werden sie glauben, dass sich an diesem Platz die Weisen des Landes zu regelmäßigen Sitzungen getroffen haben. In einer Grube, um zur Mittagszeit zu tanzen, sinneserweiternde Substanzen zu testen und ihre Erkenntnisse aufzuschreiben, damit sie der Nachwelt nicht verloren gehen.

Als ich mir schließlich die Hände waschen gehe und keine Tücher, sondern nur einen Heißluftautomaten zum Trocknen finde, zücke ich beseelt meinen Stift und schreibe darauf: »Bitte Knopf drücken. Sie hören nun eine vollständige Zusammenfassung des deutschen Fernsehprogramms.«

Froh, mich jetzt ebenfalls ausreichend in dieser Halle der Erleuchtung verewigt zu haben, mache ich mich rhythmisch schädelwackelnd auf den Weg zurück auf die Tanzfläche. In die Grube der Weisen – ich gehöre nun auch dazu. Der Tod, das Klo und sogar Feiern um zwölf, alles hat seinen Sinn. Wir sind nur manchmal einfach nicht aufmerksam genug, die ganz großen Zusammenhänge zu erfassen.

Bis dass der Tod euch scheidet

Ich hatte mir viel ausgemalt, aber so, nein, so hatte ich mir eine dieser ominösen Hochzeitsfeiern nicht vorgestellt. Gerade tanzen circa 50 angetrunkene Gäste auf der Tanzfläche zu einem Song, der sich thematisch mit einem roten Pferd, einer Fliege und auf erstaunlich simple Weise mit dem komplexen Thema des Lebenskreislaufs beschäftigt. So weit so gut, das wäre nicht weiter tragisch, wenn es sich dabei nicht um den intellektuellen Höhepunkt des bisherigen Abends handeln würde. Ich würde mich auch deutlich wohler fühlen, wenn ich nicht neben einer offensichtlich angewiderten Svenja sitzen müsste, die mit ihrer Aura des Untergangs jeden Anflug von guter Stimmung grimmig im Keim erstickt.

Als ich vorhin ein wenig unbedacht das Fliegerlied mitgesummt habe, hat sie mir einen Blick zugeworfen, den mein Gevatter in seinen finstersten Zeiten nicht hasserfüllter hinbekommen hätte. Dabei gibt es eigentlich ordentlich was zu lachen auf dieser Feier. Keine fünf Minuten ist es her, da trug Tante Gabi, leicht verkrampft eine halbvolle Flasche Eierlikör haltend, ein selbstgeschriebenes Gedicht vor, dessen Wortlaut noch immer wie ein Flummi in meinem Gedächtnis herumspringt:

»Nicole und Stefan, ihr seid ein richtig hübsches Paar,
ganz ehrlich, ihr seid so wunderbar,
Wir feiern euren großen Tag,
weil jeder euch total gerne mag.

Alles Gute wünschen wir,
drum trinken wir jetzt Sekt, Wein und Bier,
eure Hochzeit ist ganz toll,
und nun hauen wir uns die Rübe voll.«

Danach begann, ohne jeden Zynismus ein frenetischer Applaus aufzubranden, der durch Fußgetrampel und hingebungsvolle Zugabe-Zwischenrufe unterstützt den Eindruck erweckte, dass alle Anwesenden der Meinung waren, dass Tante Gabi soeben in *nur drei Wochen Vorbereitung* ein Meisterwerk der deutschen Dichtkunst *aus dem Ärmel geschüttelt hat*. Wenn dieses Publikum für die Mehrheit der Bevölkerung steht, dann wird auch klar, warum Demokratie in diesem Land so oft an ihre Grenzen stößt.

»Gut, dass wir den Tanzkurs gemacht haben, Svenja. Das hat sich doch mal wirklich gelohnt«, versuche ich meine Begleitung mit ein wenig Ironie aufzuheitern. Aber als Tod bin ich einfach nicht der Typ für ein ordentliches Warm-Up, mir liegt wohl eher der Bereich Cool-Down.

»Schnauze«, kommt es daher erwartungsgemäß zurück. Die Arme tut mir auch ein wenig leid: Sie hat sich extra dezenter geschminkt als sonst und sogar ein Kleid ganz ohne Nieten angezogen, dennoch sitzen wir beide wie Gestrandete hilflos und verloren an unserem Tisch, während das aufgedrehte Partyvolk um uns herumtobt, als müssten sie aus reiner Lust am Elend mit ihrer Luxusjacht der guten Laune immer wieder unsere einsame Insel der Spaßlosigkeit umkreisen.

Soviel zur geplanten Integration ins Leben. Die gibt es nur in Form von Schnäpsen, die uns regelmäßig angeboten werden.

»Hast du auch grad so große Lust, jemanden umzubringen?«, flüstert mir Svenja mürrisch zu, als die nächsten Kurzen auf unserem Tisch landen.

»Ich? Nee, aus dem Job bin ich raus. Irgendwann ist eben auch mal Feierabend. Und zwar für mich – nicht für die anderen.«

Der auffordernde Blick meiner Begleitung trifft mich wenig. Ich bin mir sicher: Der einzige Todesfall an diesem Abend würde sich ereignen, wenn ich über eine der immer zahlreicher rumliegenden Schnapsleichen stolpern sollte. Gespannt harre ich der Dinge und – siehe da: Der nächste Programmpunkt lässt nicht lang auf sich warten. Svenjas Mutter hat sich mit dem Mikrofon des DJs in der Mitte des Saales platziert.

»Liebe Verwandten, liebe Freunde, liebe Gäste. Schön, dass ihr alle so zahlreich gekommen seid, um mit uns gemeinsam das Brautpaar zu feiern. Meine liebe Nicole, lieber Stefan, für euch zwei haben wir uns etwas ganz Besonderes ausgedacht.«

Etwas unbeholfen schleppen daraufhin einige Cousins und Neffen eine Leinwand auf die Tanzfläche. Ein Beamer wirft ein strahlend weißes Bild an die Projektionsfläche.

»Eine Fotoshow, eine Fotoshow«, ruft Tante Gabi ganz begeistert.

»Hui, was ganz Besonderes, wie kreativ«, mault Svenja und kippt trocken den ersten Schnaps in sich hinein. Nach ein paar Minuten konfusem Kabelsalat und unerwarteten technischen Schwierigkeiten laufen dann die obligatorischen peinlichen Kinderfotos der frisch Verheirateten, die schließlich in aktuelle romantische Bilder des Paares übergehen und erwartungsgemäß schauerlich von »Ein Stern, der deinen Namen trägt« musikalisch untermalt werden. Wie viele Kurze Svenja in dieser überschaubaren Zeitspanne in sich geschüttet hat, lässt sich nicht mehr ganz nachvollziehen. Auf jeden Fall grölt sie am Ende laut mit. Immerhin kommt sie auf der Hochzeit ihrer Schwester nun doch noch in Stimmung. Da sage noch mal jemand: Alkohol ist keine Lösung.

Als das letzte Bild langsam ausblendet, beginnt die Versammlung erneut stürmisch zu klatschen, als hätten die Rolling Stones soeben ihr definitiv letztes Konzert gespielt.

»Super, super!«, brüllt Tante Gabi völlig von Sinnen, während Svenja noch immer von diesem Stern mit irgendeinem Namen jodelt.

»Bravo«, ruft auch Opa Herrmann, springt auf, fasst sich ans Herz und – fällt um. Erst realisiert niemand den Ernst der Lage, dann verfliegt aber plötzlich in Sekundenschnelle die Feierlaune, und alle schauen stumm zu dem auf allen vieren liegenden Großvater des Bräutigams.

»Och nööö«, schimpfe ich missmutig vor mich hin, schnappe meine Sense und stapfe zum Ort des Geschehens. Angekommen frage ich ganz vorschriftsmäßig: »Ist irgendein Arzt anwesend?« Niemand rührt sich. »Also, ganz ehrlich, Leute, ich bin dafür irgendwie der Falsche. Meint ihr nicht?« Tante Gabi ist die Erste, die ihren Schock überwunden hat.

»Wir müssen einen Krankenwagen ...« Ich winke ab.

»Macht euch keinen Stress, er hat soeben aufgehört zu atmen.« Sofort springen einige Gäste dazu und versuchen es mit ein paar recht dürftigen Wiederbelebungsversuchen. Ich nutze das Getümmel und nähere mich der am Büfett wartenden Seele.

»Hallo, Opa Herrmann. Noch einen Happen essen?«

»Auf gar keinen Fall. Mann, war das ein Fraß! Ich hoffe, bei euch gibt's eine bessere Küche.«

»Oh ja, der Chef kocht im Jenseits noch persönlich.« Gemeinsam schlendern wir Richtung Ausgang.

»Tod, ich bin richtig froh, dass du gekommen bist. Meine Nichte hatte noch eine Gesangseinlage geplant, das hätte ich wirklich nicht mehr ertragen.« Ich grinse, muss an die Leiden von Svenja denken und zünde mir draußen eine Zigarette an.

»Du kannst von Glück reden: Eigentlich bin ich gar nicht im Dienst. Normalerweise hätte mein Gevatter dich abgeholt. Dann wäre das alles etwas ruppiger vonstattengegangen.« Fragend deutet er auf meine Packung, ich gebe ihm großzügig einen Glimmstengel.

»Danke. Du machst aber einen netten Eindruck, Junge. Wird Zeit, dass du deinen Job wieder aufnimmst.« Ich halte kurz inne und ziehe nachdenklich an dem glühenden Sargnagel. Ich bin kein sehr begabter Kellner, und ich bin ein noch viel schlechterer Schauspieler. Vielleicht sollte ich mich endlich auf das besinnen, was ich richtig gut kann. Es ist Vollmond und kurz vor Mitternacht, als ich mit der ersten Seele seit langem einen Entschluss fasse.

»Ja, ich glaube, da hast du recht, Opa Herrmann. Offenbar ist nun auch meine Zeit gekommen.«

Das Endspiel

»Dieses Match verspricht Spannung bis zum Umfallen. Ein Herzschlagfinale, eine Mordsgaudi. Alt gegen jung, Erfahrung gegen Unbekümmertheit. Das ewige Kräftemessen der Generationen, in dem es heute um nichts Geringeres geht als um die Vorherrschaft in der Familie Tod.

Herzlich willkommen, liebe Zuschauerinnen und Zuschauer, zum finalen Akt in der sogenannten Todesgruppe, zum Duell 1. FC Gevatter Alles-bleibt-so-wie-es-ist gegen Borussia Vanille Neustart. Nach einer uralten Tradition wird die oberste Führungsposition der Tod GmbH durch ein klassisches Fußballspiel entschieden. Doch seit Jahrzehnten gab es für das Team um den Gevatter, intern bereits CSU genannt, keinen ernsthaften Herausforderer mehr. Doch als sich bereits alle auf eine weitere Legislaturperiode eingestellt hatten, stand völlig unerwartet Tod junior vor der Tür, mit der offenen Absicht, seinen Gevatter auf altehrwürdige Weise herauszufordern. Diese Kampfansage elektrisiert seitdem die Massen. Das Stadion ›Jenseits der Welten‹ ist seit Wochen restlos ausverkauft und 120 000 Seelen feiern hier nun unter Hochstrom eine Party, als gäbe es kein Morgen mehr.

Beide Teams können wie erwartet in Bestbesetzung antreten. Gevatter Tod übernimmt in seiner Mannschaft höchstpersönlich die bereits lang ausgestorbene Position des Liberos, um in seiner ewigen Paraderolle als letzter Mann mit Konsequenz und Härte die Entscheidung herbeizuführen. Die Taktik der Rivalen könnte unterschiedlicher nicht sein. Tod junior setzt bei seinem Team auf bedingungslose Offensive, überfallartige Konter und versucht selbst, in vorderster Front als eiskalter Vollstrecker sein genetisch veranlagtes Talent auszuspielen. Damit kommt es auch auf dem Spielfeld zur direkten Konfrontation der beiden Kapitäne. Die große Frage wird bei diesem Aufeinandertreffen sein: Wer senst hier wen als Ersten um?

Aus den Lautsprechern dröhnt bereits die Firmen-Hymne »The Final Countdown«, beide Mannschaften befinden sich auf dem Platz, es dürften nur noch wenige Sekunden bis zum Anpfiff sein. Schiedsrichter der Partie ist Anubis, ein Freund des Hauses und mit seiner schakalgleichen Figur Respektperson und Athlet zugleich.

Und da folgt nun auch schon der Anstoß! Roswitha Putz aus dem Team des Gevatters passt zurück auf den ungestümen Jan Fritschmann, und der hämmert gleich mal direkt aus 40, 50 Metern auf den gegnerischen Kasten. Aber kein Problem für Lucifa, die Torfrau von Borussia Vanille Neustart. Die stoppt den Ball schon fast lasziv lässig mit dem linken Huf und feuert ihn dann über das halbe Spielfeld direkt auf den im Mittelkreis lauernden Tod junior. Der schaut kurz nach links und spielt dann mit rechts einen seiner gefürchteten, tödlichen Pässe in die Schnittstelle der gegnerischen Abwehr. Doch Tod senior hat aufgepasst, geht rechtzeitig ein paar Schritte nach vorn, und der Pfiff ertönt. Ein Raunen geht durch die Ränge. Mal wieder hat der Gevatter ohne mit der Wimper zu zucken jemanden ins Abseits gestellt. Die stürmende Dunkelelfe Morathi – Insidern auch bekannt unter ihrem bürgerlichen Namen Svenja Reichelt – trottet enttäuscht zurück. Wird sich auch die tapfere Drow am Abwehrbollwerk des Gevatters den Schädel einrennen?

Im Stadion ist die Stimmung weiterhin auf dem Siedepunkt. Der Fußballgott persönlich stimmt gerade in der Fankurve die Humba an, das Abstiegsgespenst startet die Welle. Alle sind total gut drauf. Der 1. FC Alles-bleibt-so-wie-es-ist befindet sich nun wieder im Spielaufbau. Der Gevatter tankt sich gerade rechts durch die gegnerischen Reihen und versucht, nun eine seiner naturgegebenen Spezialitäten anzuwenden, den überraschenden Seitenwechsel. Doch da kommt Doktor Mösenstein im Vollsprint angerauscht und grätscht den Ball im letzten Moment ins Aus. Der Gevatter bricht wie vom Blitz getroffen zusammen und rollt mehrere Meter über den Rasen. Das Publikum quittiert diese überzeugende Vorstellung des sterbenden Schwans mit wohlwollendem Applaus. Die Zeitlupe zeigt aber, alles korrekt, auch der Unparteiische stellt den Doktor nicht vom Platz, sondern entscheidet auf Einwurf. Wir nutzen diese kurze Pause für eine kleine Werbeunterbrechung und sind sofort wieder da.«

✢ ✢ ✢

»Rinderwahn, Schweinegrippe, Ehec-Biosprossen und Pferde-Lasagne endlich alles in einem: der Wenn-schon-denn-schon-Burger bei McDeath. Badadapadaaaa!«

✢ ✢ ✢

»Ihr Leben ist wunderschön, und Sie können sich einfach nicht auf den Tod freuen? Dann buchen Sie noch heute: Fucking Life. Inklusive Hochzeit, Reihenhaus und BWL-Studium. Damit auch Ihr Tod endlich zur Erlösung werden kann. Fucking Life. Jibbie!«

✢ ✢ ✢

»Überraschen Sie Ihre Liebsten mit einem unvergesslichen Ableben und bestellen Sie Ihren letzten magischen Moment auf die-days.com. Bungee-Jumping mit Überlänge, Kochkurse mit Hannibal Lecter oder Abenteuerurlaub als Steak verkleidet im Löwengehege. Sie werden sehen, unsere Angebote bestechen vor allem durch Nachhaltigkeit. Buchen Sie Ihren letzten magischen Moment auf die-days.com«

✦ ✦ ✦

»Rufen Sie an! Wir suchen einen Begriff für das Lebensende mit drei Buchstaben. Liebe Schalker, *BVB* ist falsch. Und nein, es handelt sich auch nicht um das Wort *Ehe*. Lebensende mit drei Buchstaben. Rufen Sie an! Rufen Sie an! Rufen Sie an!«

✦ ✦ ✦

»Und da sind wir auch schon wieder. Herzlich willkommen zurück zum Spiel Gevatter gegen Junior, Alles-bleibt-so-wie-es-ist gegen Vanille Neustart. Die zwei Mannschaftskapitäne haben sich soeben gemeinsam darauf geeinigt, bereits jetzt schon in die letzte Minute der Partie zu springen, da dies genau die Zeit ist, in der sich beide Mannschaften aus Gewohnheit am wohlsten fühlen. Es steht immer noch null zu null im Duell zweier Chancentode, und lange wird es nicht mehr dauern, denn Nachspielzeit wird bereits seit Generationen von der Familie Tod geschlossen abgelehnt. Vanille Neustart wechselt noch einmal offensiv aus und bringt für die völlig entkräftete Erna Trochowski, die unter Standing Ovations der Seelen von ihrem Mann Heinz auf einer Trage nach draußen gefahren wird, eine zweite Sturmspitze. Mautzi soll nun als Joker für die Entscheidung sorgen. Die Katze des Todes war schon im Vorfeld die große Unbekannte, schwer einzuschätzen und wegen ihres blinden Verständnisses mit dem kleinen Tod ein Angstgegner für den FC. Und es wird auch sofort unruhig im Stadion, als Mautzi das Feld betritt. Tod senior macht abfällige Gesten in Richtung des Neulings, der sogleich die Nähe zu seinem Sturmpartner Tod junior sucht. Im Prinzip sieht hier alles nach einer völlig untypischen Verlängerung aus. Aber was war das? Nach einem schlampigen Rückpass des eigentlich sonst immer so souveränen Charons gibt es nun doch noch einmal Ecke für Vanille Neustart. Absolut unnötig, ein Leichtsinnsfehler kurz vor dem Ende der Partie. Der Zweisträhnige zuckt nur mit den Schultern, der Gevatter tobt. Sogar Lucifa kommt für diese letzte Chance aus ihrem Kasten nach vorne in den gegnerischen Strafraum gesprintet. Bei einem Konter wäre damit ihr eigenes Tor völlig verwaist, aber dieses Teufelsweib liebt eben das Risiko. Alles oder nichts, das ist nun das Motto bei den unerbittlich verrinnenden Schluss-Sekunden. – Dieser Eckball wird Ihnen übrigens präsentiert von Teufels Küche, dem hottesten Laden auf der anderen Seite. Teufels Küche macht den saftigsten Satansbraten im Jenseits! Geht zu Teufels Küche, niemand grillt besser! Sogar Atilla, der Hunnenkönig sagt: ›Teufels Küche, mh, lecker!‹

Aber zurück zum Spiel.

Die gelernte Bäckerei-Fachangestellte Frau Sommer bringt die Pille hoch in den Strafraum, der Gevatter verschätzt sich und segelt vorbei, der Ball ist immer noch in der Luft, der bärtige Francesco wirft sich mit vollem Einsatz und einem laut gebrüllten TATATA in den Strafraum, verpasst ihn aber ebenso. Doch da, aus dem Hintergrund steigt Tod junior nach oben. Schafft er es? Nein, auch er kommt nicht ganz an den Ball, aber über ihm erscheint wie aus dem Nichts plötzlich Mautzi; die Katze des Todes ist da, und sie trifft die Kugel, sie köpft den Ball über die Linie in den Winkel. Tor! Tooor! Toooor! Hand, schreit der Gevatter! Hand soll es gewesen sein, die Hand des

Todes. Doch Anubis zeigt bloß auf den Mittelkreis, er gibt den Treffer, alles regulär meint er und mehr noch, er pfeift ab. Anubis pfeift ab. Schluss, vorbei, Sense, aus. Borussia Vanille Neustart gewinnt dieses Wahnsinns-Spiel durch einen Kopfballtod in allerletzter Minute! Unglaublich, irre, ich bin fertig. Wer denkt sich nur so was aus?

Auf dem Spielfeld bricht der Gevatter theatralisch zusammen, eine Ära findet heute ihr Ende. Ist dies der Beginn einer neuen Dynastie? Wird Tod junior in den kommenden Jahren eine ähnliche Epoche der Dominanz prägen können? Die Seelen feiern ausgelassen die Spieler von Vanille Neustart, die ihr Glück kaum fassen können. Doch beide Fanlager können wirklich hochzufrieden sein, ein Jahrhundertspiel auf Sensenschneide. Welch ein Festtag! Aus den Stadionboxen ertönt Grönemeyers ›Zeit, dass sich was dreht‹. Mautzi über alles, ich bin völlig am Ende und bevor's mich jetzt komplett dahinrafft, gebe ich zurück ins Diesseits. Olé, olé!«

Aus dem Fotoalbum des Todes 2

Sterben geht durch den Magen.

Unser WG-Wohnzimmer

Navigation ist alles.

Gescheiterte Nebenjobs: Bademeister

Spiel des Todes

Mautzi erzählt Blödsinn

Wichtig: Immer hilfsbereit sein!

Endlich richtig Tod

Alles neu macht der ... Tod!

Zufrieden schaue ich mich im proppenvollen Konferenzraum um. Jeder einzelne Platz ist belegt, alle sind sie gekommen, hinten müssen einige sogar stehen. Eine Einladung vom Tod kann eben niemand einfach so ablehnen. Vor allem nicht, wenn es sich um den neuen Cheftod im Hause handelt. Ich spüre die neugierigen Blicke, hüstele als Zeichen, dass es nun losgeht, und beginne meine Ansprache.

»Hallo und herzstillstandig willkommen bei der ersten Sitzung der Tod GmbH unter meiner Führung. Ja, da kann man jetzt ausrasten ... muss man aber natürlich auch nicht.« Einige applaudieren wohlwollend. Aus den Augenwinkeln sehe ich, wie mir Roswitha Putz arrogant und selbstsicher wie eh und je entgegenlächelt. Was mich früher zur Weißglut gebracht hat, lässt mich neuerdings völlig kalt. Denn ab heute bin *ich* der Boss.

»Ich sag es euch gleich zu Beginn: Es wird die eine oder andere Änderung im Betrieb geben. Denn so wie bisher – da sind wir uns hoffentlich alle einig –, so kann und darf es nicht weitergehen. Wir werden in nächster Zeit einiges ausprobieren, vieles umstrukturieren und, wie es sich für ein Unternehmen unserer Art gehört, jede Menge über Bord schmeißen.« Zustimmende Zwischenrufe kommen von hinten. Der Applaus nimmt zu.

»Genau, Stimmung. Gute Stimmung. Das ist es doch, was hier an allen Ecken und Enden fehlt. Vor allem an den Enden. Gerade der Übergang bedarf einiger grundlegender Erneuerungen. Vorschläge hier im Saal?« Mutig versucht sich aus der zweiten Reihe die taffe Patricia, die im Betrieb von den meisten liebevoll »Exitussi« genannt wird.

»Vielleicht ein freundlicherer Umgangston unseren Kunden gegenüber?«

»Sehr gut, sehr gut«, lobe ich die erste Wortmeldung. Und es bleibt nicht die letzte.

»Freigetränke für alle Seelen!«

»Flatrate zum Nach-Hause-Telefonieren.«

»3-D-Brillen für den Tunnel.«

Sogar ich bin von der Begeisterung überrascht, die plötzlich durch den ganzen Raum schwappt. Mein Wunsch nach Innovation scheint anzukommen. Erfreulich, vor allem wenn man bedenkt, dass mich dieselben Leuten vor gar nicht allzu langer Zeit für mein Vanille-Konzept geschlossen vom Hof jagen wollten. Aber wechselt der Chef, wechseln anscheinend auch die Meinungen der Mitarbeiter ihre Richtung wie flatterhafte Fähnchen im Wind. Die Diskussion ist in vollem Gange.

»Rabattmarken oder 10-Euro-Gutscheine.«

»Für was denn? Drüben braucht man doch gar kein Geld.«

»Aber die Leute freuen sich trotzdem wie wild über den Mist. Und darum geht es doch.«

»Genau. Wie wär's mit einem Spiel? Bei jedem Haustürbesuch gibt's erst mal eine Runde *Mensch ärgere Dich nicht.*«

»Oder *Wer hat Angst vorm schwarzen Mann?*«

»*Kopfschlagen.*«

»Musik, Musik. Don't worry, die happy.« Ich klatsche begeistert in die Hände.

»Da ist schon viel Schönes dabei. Roswitha, meine Gute«, wende ich mich direkt an meine notorisch skeptische Rivalin. »Sie und Ihr Team gründen am besten eine Taskforce zu dem Thema. Die ausgearbeiteten Vorschläge reichen Sie dann bitte in Etage zwei bei Erna und Heinz Trochowski ein. Die beiden sind nun Ihre Vorgesetzten.« Ich genieße einen kurzen Moment den entsetzten Gesichtsausdruck des strengen Rotschopfs und wende mich dann an meinen zweiten »Lieblingskollegen«.

»Ach, und mein guter Jan Fritschmann ...« Erschrocken zuckt der Callcenter-Spezialist zusammen.

»Äh, ja?«

»Die gesamte Telefonabteilung der GmbH wird ab sofort komplett eingestellt. Die Menschen geben mittlerweile so viele Informationen bereitwillig im Internet preis, da erscheinen mir diese Anrufe doch ein wenig überholt. Ein moderner Tod muss mit der Zeit gehen. Hacken sie sich stattdessen bei irgendeinem Geheimdienst ein oder gründen sie irgendein Social Network, das sollte ausreichend Material über alle Menschen und ihre täglichen Gewohnheiten liefern.«

»Wird gemacht, ähm, Chef.«

Mit einem energischen Hustenanfall macht sich Brunhilde, die ehemalige Vorzimmerdame meines Gevatters, bemerkbar.

»Entschuldigung, aber was passiert mit dem unheimlichen Gemälde Ihres alten Herrn vorm Büro. Das können wir doch unmöglich wegschmeißen?«

»Nein, Brunhilde, da haben Sie natürlich vollkommen recht. Es gehört zu unserer Geschichte und kommt daher in das neue *Museum of Death,* das wir gerade in den alten Büroräumen

einrichten. Die Ausstellung wird Teil eines Vorsorge-Vergnü-
gungsparks, den wir hier langfristig für alle Lebenden anlegen
wollen.« Brunhilde krächzt zustimmend, während ich mich
schon dem nächsten Punkt zuwende.

»Die Abteilung Logistik bekommt außerdem eine neue Spit-
zenkraft zur Seite gestellt. Die renommierte Informatikerin
Yvonne Wallenscheidt hat eine neue Formel zur Berechnung
der optimalen Reiserouten entwickelt. Da sie ihre knochen-
brechende Entdeckung freundlicherweise nur unserem Betrieb
zur Verfügung stellen möchte, haben wir bei unseren Planungen die Möglichkeit, bis zu 20 Prozent effektiver unterwegs zu
sein als bisher führende Unternehmen in diesem Bereich wie
UPS, Zalando oder die Post.« Meine blonde Mitbewohnerin
erhebt sich aus der Menge und nimmt ihren wohlverdienten
Beifall entgegen.

»Mitarbeiter des Monats«, fahre ich fort, als wieder Ruhe
einkehrt, »wird ab diesem Tag nun nicht mehr der mit den
meisten eingesammelten Seelen, sondern derjenige mit den
zufriedensten Kunden sein. Wir führen nun auf der anderen
Seite regelmäßig Qualitätskontrollen durch. Wie hat Ihnen Ihr
Tod gefallen? Haben Sie sich gut beraten gefühlt?, blablabla,
der übliche Kram eben.«

Als ich zwei geschlagene Stunden später endlich fertig bin,
beende ich die Sitzung mit einem erschöpften »Es lebe der
Tod!«, dass noch mehrfach wiederholt durch die Gänge der
Firma gerufen wird. Was für ein Auftakt.

»Ach, Charon, eine Sache noch«, winke ich den in der Diskussion völlig zurückhaltenden Zweisträhnigen beim Hinausgehen wie zufällig zu mir. »Weißt du, ich spiele mit dem
Gedanken, den Seeweg wieder neu zu eröffnen. Allerdings

würde ich dann einen erfahrenen Fährmann benötigen. Hättest du vielleicht jemandem im Sinn?« Ein verschmitztes Lächeln zaubert sich auf das faltige Gesicht meines früheren Lehrers.

»Es wäre mir eine große Ehre und ebenso gewaltige Freude ...«

»Nein, mir wäre es eine Ehre, wenn ich dich endlich aus deinem ewigen Dienst in den wohlverdienten Ruhestand entlassen könnte. Aber ich bin an das Versprechen meiner Familie gebunden.«

»Ich weiß.«

»Nur möchte ich, dass dir die Arbeit zumindest so viel Vergnügen bereitet wie möglich. Wir werden mit einer ganzen Flotte starten. Ein Prototyp des neuen Hightech-Floßes liegt am Dämritzsee für ein paar Probefahrten bereit. Wenn du möchtest ...«

Mit einem Strahlen im Gesicht, das mir bereits jetzt alle mühsamen Planungen wert erscheinen lässt, läuft der Zweisträhnige dem Ausgang entgegen. Als ich meinen alten Lehrmeister davoneilen sehe, muss ich daran denken, dass die schönste Überraschung für den stets auf meiner Seite stehenden Freund erst noch kommen wird. Schließlich braucht ein in die Jahre gekommener Seebär Unterstützung an Bord. Seine frühere Arbeit wird ihn mit Begeisterung erfüllen, da gibt es keinen Zweifel. Aber welches Glück mag er erst empfinden, wenn er bei seiner ersten Überfahrt am Ufer zur anderen Seite einen Umriss am Horizont wahrnimmt. Einen winkenden Schatten wie eine Erinnerung aus nie vergessenen Zeiten. Eine wartende Seele, die der gute Charon viel zu viele Jahrhunderte allein im Gedächtnis bewahren musste und die nun von neuem sein Leben zwischen den Welten betreten wird. Zu zweit werden sie den Seeweg schon schaukeln.

»Entschuldigung, Boss, Ihr Gevatter wartet unten auf Sie.«

»Ah, stimmt. Da war ja noch was.«

Ein wenig aufgeregt mache ich mich auf den Weg nach draußen. Mit zwei alten Reisekoffern steht er da und schaut mit der grimmigen Art über den Hof, die er über so viele Jahrzehnte bis zur Perfektion getrieben hat.

»Mexiko? Junior, wieso um alles in der Welt ausgerechnet Mexiko?«

»Nun stell dich nicht so an, sei eher froh, dass ich dir nicht den Schädel vom Rumpf sense, wie du es mit deinem Vorgänger getan hast.«

»Unter Toden ist diese Form der Verabschiedung nur artgerecht.«

»Und Mexiko ist es auch. Auf meine Art. Vertrau mir.«

»Mach mir keine Schande, Junge.«

»Gevatter, es ist doch nicht so, als hätten wir als Tod GmbH einen Namen zu verlieren, oder?«

»Aber Respekt. Und Anerkennung. Und Angst.«

»Okay, ich werde versuchen mindestens zwei Dinge davon zu bewahren, versprochen.«

»Immerhin. Dann ... dann lebe wohl, Junior.«

»Du auch. Und genieß die Feiertage da drüben.«

»Pah, Feiertage. Mumpitz.«

Dann stapft er davon, ohne sich noch einmal umzudrehen. Ich muss lächeln bei der Vorstellung, dass mein alter Herr schon bald eine Tradition kennenlernen wird, die seinen festen Aberglauben ins Wanken bringen könnte. Ob sich mein Gevatter dann doch noch ändert? Wohl kaum, aber er wird sich endlich eingestehen müssen, dass alles möglich ist. Nicht nur im Leben, sondern auch im Tod.

Aus dem Reisekatalog des Gevatters: Día de los Muertos

Nach einer uralten Sitte der eingeborenen Völker Mexikos wird in dem Land der Sombreros jedes Jahr vom 31. Oktober bis zum 02. November ein Fest der Freude für die verstorbenen Seelen und den Tod ausgerichtet. Ursprünglich fiel der Tag der Toten im Kalender der Azteken in den Sommer, durch die christlichen Priester der Conquista während des sechzehnten und siebzehnten Jahrhunderts wurde dieser Brauch jedoch auf Allerheiligen verschoben. Im Gegensatz zu dem stillen Gedenken der europäischen Welt und auch anders als das gruselig-lustige Halloween ist der Día de los Muertos eine Feierlichkeit, die eine fröhliche Zusammenkunft mit den gestorbenen Verwandten und Liebsten zelebriert. Die Einheimischen fertigen am ersten Tag für die wiederkehrenden Seelen Altäre an, sogenannte Ofrendas, die sie mit bunten Blumen, Kerzen, Fotos und Erinnerungen schmücken. Zu jedem Altar führt ein kleiner Weg aus gelben Blütenblättern, denn die alten Überlieferungen besagen, dass sich Verstorbene besonders gut an den Farben Gelb und Orange orientieren können. Durch diese Wegweiser findet jede zurückkehrende Seele zu ihrem jeweiligen Schrein. Und während sie sich von der Reise an ihrem Altar erholen dürfen, feiern draußen auf den Straßen die Mexikaner ausgelassen den zu erwartenden Besuch.

Skelette und Schädel sind allgegenwärtig. Als Verkleidung, Süßwaren oder Girlanden. Musiker spielen auf den Straßen, es wird getanzt, gefeiert und gelacht. Einem alten Brauch nach werden Totenköpfe aus Zuckerguss verschenkt, in die man den Namen des Partners oder Freundes hineinschreiben lassen kann, denn dies symbolisiert, dass

Liebe und Freundschaft über den Tod hinaus bestehen können. Die Ankunft der Toten erfolgt in einer festgelegten Reihenfolge: Verstorbene Kinder werden am ersten Tag erwartet und begrüßt, am zweiten folgen alle anderen. Am dritten und letzten Tag ziehen die Familien mit den Seelen zum Friedhof, schmücken dort die Gräber und verweilen dort bis zum Abend gemeinsam im engsten Kreise, Geschichten erzählend, singend und betend.

Und obwohl diese letzte Zeremonie einen erneuten Abschied von den geliebten Verstorbenen bedeutet, findet sich in ihr keine Trauer und kein Schmerz, sondern nur die Vorfreude und der feste Glaube, dass man sich in einem Jahr bereits wieder begegnen darf, um zusammen zu feiern. Um Mitternacht des dritten Tages ziehen die Seelen davon, und das Fest ist beendet. Diese Tradition stellt heute eines der letzten verbliebenen Feste der Freude über den Tod und die Verstorbenen dar.

Im Jahre 2003 erklärte die UNESCO den Día de los Muertos zum Meisterwerk des mündlichen und immateriellen Erbes der Menschheit und Teil des Weltkulturerbes. In der Hoffnung, dass diese Denkweise nie vollständig verloren gehen möge.

Worte für die Ewigkeit

»Was um alles in der Welt machen Sie denn da?« Noch völlig in Gedanken versunken schaue ich von meinem Notizblock auf.

»Äh, *ich*?«

»Ja, na klar, *Sie*. Mit wem soll ich denn jetzt sonst noch reden?« Ich schaue mich um. Der Notdienst ist inzwischen eingetroffen; der Körper von Kevin Linsen wurde gerade mit vereinten Kräften aus den Trümmern des Daches befreit. Unglaublich viele Leute schwirren aufgeregt umher, aber ich muss offen zugeben: Niemand von denen scheint gerade die nötige Ruhe für ein vernünftiges Gespräch zu besitzen.

»Okay, gut, Sie haben ja recht«, lenke ich ein. »Aber keine Sorge, warten Sie kurz … So, nun bin ich wieder ganz für Sie da. Ich musste mir nur schnell Ihre letzten Worte aufschreiben.«

»Was? Meine letzten Worte? Wofür das denn?« Ich winke ab.

»Ach, bloß so ein Hobby von mir. Aber wenn es Sie interessiert: Es gibt in diesem Bereich durchaus spannende Tendenzen. Ich arbeite gerade an einer aussagekräftigen Studie.«

Ein Arzt stellt nur wenige Schritte von uns entfernt mit betroffener Miene offiziell den Tod fest. Na, so was! Ignorieren fällt eben auch schwer, wenn ich direkt daneben stehe. Mein Neukunde schaut entsetzt auf seinen eigenen Leichnam.

»Ja, Herr Linsen, blöde Sache, ich weiß. Falls es Sie irgendwie aufheitert: Ihr letzter Satz hat es mit Ihrer Hilfe in die Top 5 geschafft. Herzlichen Glückwunsch!« Kevin Linsens Seele runzelt die Stirn.

»Oh, danke. Das freut mich jetzt aber wirklich sehr. Was hab ich denn überhaupt gesagt?«

»Ein Klassiker unter den Heimwerkern: ›Aber Schatz, natürlich ist das stabil.‹«

»Ah ja, stimmt.«

»Und dann sind Sie wie wild auf dem Dach Ihres Gartenhauses herumgesprungen. Es war dann aber leider doch nicht ganz so stabil wie gedacht. Hihi, eine glatte Fehleinschätzung würde ich sagen.«

»Na, das ist mir jetzt auch klar, Sie Schlaumeier.«

»Machen Sie sich nichts draus. Top 5, das ist für den ersten Versuch wirklich nicht schlecht. Obwohl, ganz ehrlich, mehr Versuche hat man auch nicht.«

»Was sagen denn die anderen so?« Erfreut über das Interesse an meiner Arbeit lege ich los.

»Och, das ist ganz unterschiedlich und hängt natürlich zu großen Teilen auch immer von Situation, Beruf und Spontanität des Sterbenden ab. Manche sagen auch einfach nur ›Huch?!‹ oder ›Na, so was aber auch!‹. Das finde ich dann schon ein bisschen unkreativ und enttäuschend. Es gibt doch so viele Möglichkeiten. Und die meisten haben nun wirklich ausreichend Zeit, sich mal vorher Gedanken darüber zu machen. Ich meine: Ihr Menschen sinniert über jeden Mist in eurem Leben nach. Ob euer Klopapier drei- oder vierlagig sein soll, wohin die Socken in der Waschmaschine verschwinden oder wie viel Kohlenhydrate ein stinknormales Käsebrot hat. Also bitte, da kann man ja wohl auch mal ein Minütchen konstruktiv ans Ende denken. Kennen Sie übrigens die letzten Worte des Nachtwächters?«

»Nein, woher denn auch?«

»Ganz simpel: ›Ist da wer?‹«

»He, Sie sind ein kleiner Scherzbold, was?«

»Nö, nicht wirklich. Ich finde nur, mit einem Lachen fällt alles ein wenig leichter. Selbst das Sterben. Finden Sie nicht?«

»Doch, schon. Aber ich muss das erst mal alles verdauen.«

»Ja, verstehe schon, so ein Erlebnis geht natürlich durch den Magen. Möchten Sie ein Eis für den Weg?«

»Mh. Was haben Sie denn für Sorten?«

»Ich empfehle Vanille.«

»Und sonst?«

»Ähm, naja, ich muss zugeben: Vanille ist die einzige Sorte. Ich kann ja auch schlecht mit einem ganzen Eiswagen durch die Gegend fahren, oder?«

»Wär aber doch lustig.«

»Ja, haha, zum Totlachen. – So, wir müssen los. Setzen Sie nun diesen Papphut auf, und stecken Sie sich diese rote Nase ins Gesicht.«

»Wie, jetzt wirklich?«

»Ne, wär aber lustig.« Kevin Linsen grinst. Genau 17 Minuten und 6 Sekunden nach seinem Tod. Laut Notizblock bedeutet das einen neuen Allzeit-Rekord. Phantastisch.

Top 5 der letzten Worte

5. Pah, ich hab hier Vorfahrt!
4. Aber Schatz, natürlich ist das stabil!
3. Nanu, ich hab auch vier Asse!
2. Nur über meine Leiche!
1. Ach, ich nehm jetzt einfach den roten Draht!

Todesflug

Bahnfahren wäre doch viel zu stressig, hatten alle gemeint. Es würde ewig dauern, Verspätungen wären unvermeidbar, und außerdem sei diese Tingelei doch nun wirklich nicht standesgemäß für den Chef einer so großen und bedeutsamen GmbH. Und irgendwann hatte ich dann beschlossen: Gut, dann steig ich eben mal in den Flieger und schaue selbst, wie vorteilhaft diese Reiseform wirklich ist.

Tja, und jetzt habe ich den Salat.

Stressfrei? Pustekuchen. Nicht nur, dass so ziemlich alle am

Flughafen auf meine Anwesenheit reagieren, als hätte ich irgendeine ansteckende Krankheit. Nein, ich habe geschlagene 45 Minuten bei den Security-Beamten verbringen müssen, weil es anscheinend ein unlösbares Problem darstellt, als Handgepäck eine zusammenschraubbare Sense dabei zu haben.

»Verflixt, wozu brauchen Sie die denn?«

»Na, ich bin der Tod.«

»Aha. Und wozu braucht der Tod ausgerechnet eine Sense?«

»Hach, da fragen Sie was. Den Mutigen sage ich immer: zur raschen Bewältigung von Großaufträgen. Den Naiven: zum Gürkchenschneiden. Aber ganz ehrlich: Eigentlich ist es nur ein kleines, hübsches, modisches Accessoire. Das ist mein Wiedererkennungszeichen. Corporate Identity. Todschick, oder?«

»Ja, schon irgendwie ... *schnittig*. Aber hören Sie, Mister Tod, ich kann Ihre Situation durchaus nachvollziehen und sehe, dass wir hier bei Ihnen einen Sonderfall haben. Das Ding ist aber nicht angemeldet, und Vorschriften sind nun mal Vorschriften. Wenn ich Sie mit dem Teil an Bord lasse, und Sie sind ein Flugzeugentführer oder irgendein Attentäter ...«

»Hallo? Sehe ich denn aus wie ein Taliban?«

»Nein, ganz und gar nicht, aber wissen Sie, auch ein Taliban läuft nicht immer mit Turban und langem Bart herum. Besonders nicht dann, wenn er irgendetwas Kriminelles plant.«

»Aha, Sie halten mich also für einen Scheintod. Ich könnte Ihnen ja mal fix das Gegenteil beweisen, nur glaub ich, dass wäre für ein rasches Vorankommen eher kontraproduktiv. Aber mal im Ernst: Wenn ich wirklich ein Bösewicht wäre, glauben Sie tatsächlich, ich würde mir eine schwarze Kutte überwerfen, eine Sense in den Koffer packen und dann darauf spekulieren, dass ich mit dieser Tarnung am Flughafen bloß nicht auffalle? Das wär doch ziemlich dämlich.«

»Ja, ich weiß, das klingt unlogisch, aber es könnte sein, dass potentielle Attentäter genau durch diese Absurdität hoffen, dass man sie deswegen bei der Kontrolle nicht für voll nimmt.« Die Lautsprecherdurchsage unterbricht unsere Diskussion.

»Last Call für Flug 185 nach Frankfurt am Main. Der Tod wird vermisst. Bitte begeben Sie sich umgehend zu Gate 8. Ich wiederhole. Last Call ...«

Oh nein, sie vermissen mich. Das bekomme ich wirklich selten zu hören. Und dann auch noch öffentlich, wie süß. Obwohl nach diesem Ausruf wahrscheinlich gerade jede Menge Passagiere an Bord inständig beten, dass der Vogel doch bitte ohne seinen verschollenen Reisegast abheben möge.

»Okay«, gebe ich unter Zeitdruck klein bei, »dann lasse ich die blöde Sense eben hier, verdammt. Aber nicht wegschmeißen, hören Sie. Die Teile sind echt schwer zu bekommen.«

»Ausnahmsweise. Wer will sich schon mit dem Tod anlegen. Oh Mann, eine Sense zum Zusammenschrauben ... Sachen gibt's.«

Ich nicke dankbar und sprinte ohne Rücksicht auf Verluste zum Boarding Gate. Von wegen der Tod kommt immer zu früh. Großer Mist, ich verpasse gerade meinen Flieger. Vor der Rolltreppe steht eine verwirrte Dame und hält den Verkehr auf, denn sie hat sichtlich Angst, dieses Fortbewegungsmittel zu betreten. Das hat gerade noch gefehlt. Hilfsbereit wie ich nun mal bin, drängele ich mich zu ihr durch und frage ganz freundlich: »Tschuldigung, kann ich Ihnen vielleicht beim Draufgehen helfen?« Wie von Sinnen beginnt sie, plötzlich zu quieken und rast zwei Stufen auf einmal nehmend nach oben.

Achselzuckend folge ich ihr. Wie durch ein Wunder erreiche ich genau in dem Moment meinen Eincheck-Point, als die Stewardess schon dabei ist, die Tür zu schließen.

»Stooopp, ich muss noch mit rein«, sage ich völlig außer Atem und wedele mit meinem Ticket, »Sie wollen doch nicht etwa den Tod ignorieren, oder? Verdrängung ist keine Lösung.«

Meinem Charme erlegen, lässt mich die verdutzte Flugbegleiterin ausnahmsweise noch hindurchhuschen. Das war knapp. Als ich abgehetzt an Bord komme, sind alle Augen auf mich gerichtet.

»Sorry«, rufe ich entschuldigend in die Menge, »ich weiß: Das war wirklich in allerletzter Minute.« Eilig suche ich nach meinem Platz. Ich komme an einem älteren Pärchen vorbei, das sich scheinbar gerade über mich unterhält.

»Herbert, mir ist nicht wohl. Dieser Tod hat gerade irgendwas von allerletzter Minute gesagt.«

»Na, vielleicht fliegt er last minute, Elfriede.«

»Ich weiß nicht. Er hat sich sogar entschuldigt. Als ob es für den Tod eine Entschuldigung gäbe.«

Ich finde meine Reihe direkt dahinter. Ein junger Mann im Anzug tippt neben mir geschäftig in seinen Laptop. Um ein nettes Gespräch anzufangen, sage ich auf den Rechner zeigend: »Wissen Sie: Ich wollt meinen auch erst mitnehmen. Aber das Ding ist inzwischen schon so alt, da weiß ich schon beim Hochfahren: Die blöde Kiste stürzt eh gleich ab.« Anscheinend war der letzte Satz in Anbetracht meines Aufenthaltsort ein wenig ungünstig formuliert, denn anstatt auf meinen Smalltalk einzugehen, schreit der Anzugträger auf einmal aufgeregt: »Wir werden abstürzen! Das Flugzeug stürzt gleich ab!« Aufgebrachtes Gemurmel setzt im ganzen Flieger ein. Von hinten kommt: »Oh Gott, müssen wir alle sterben?« Etwas verstört über diese rhetorische Frage, versuche ich der allgemeinen Aufregung Herr zu werden, stehe auf und rufe mit lauter beruhigender Stimme: »Na logisch, müssen Sie alle sterben, aber doch nicht ...« ...*jetzt,* wollte ich noch hinzufügen, ich komme jedoch gar nicht dazu, meinen Satz zu vollenden, denn wie ein Lauffeuer bricht nun überall Panik und Geschrei aus. Einige springen protestierend von ihren Sitzen auf, andere versuchen, fluchtartig das Flugzeug zu verlassen. Das Personal hat keine Chance, den strömenden Pulk aufzuhalten. Als das Gedrängel zu groß wird, werden die Türen geöffnet und die Menschen stolpern auf das Rollfeld nach draußen. Kurze Zeit später sitze ich allein an Bord. Nur das Ehepaar eine Reihe vor mir hält noch tapfer die Stellung.

»Herbert, findest du nicht, wir sollten auch gehen?«

»Aber nein, Elfriede. Hör doch mal! Diese wunderbare Ruhe, seit der Tod eingetreten ist.«

»Wie du meinst, Herbert. Aber wenn das hier schiefgeht, glaube mir, dann kannst du zu Hause was erleben.«

Als wir abheben, wird auch mir ein wenig flau im Magen. Etwas beunruhigt kralle mich an meiner Armlehne fest und schaue zu, wie das riesige Berlin zu einer winzigen Miniaturstadt zusammenschrumpft. Erstaunlich, wie bedeutungslos alles erscheint, wenn man es nur mal im großen Ganzen von oben betrachtet. Dann sind wir über den Wolken. Tod im Himmel, wer hätte das gedacht. Das Signallicht über den Plätzen erlischt, ich schnalle mich aber lieber trotzdem nicht ab. Sicher ist sicher. Friedlich und ganz ohne Turbulenzen gleiten wir der aufgehenden Sonne entgegen.

»Kann ich Ihnen was zu trinken anbieten?« Neben mir steht

eine hübsche Stewardess mit einem vollgepackten Geträn-kewägelchen im Gang und schaut mich erwartungsfroh an. Wirklich viel hat sie heute nicht zu tun.

»Egal was? Dann nehme ich einen Sekt. Es ist nämlich mein allererster Flug.«

»Na, so ein Zufall, von unserem Piloten auch.«

»Was?«

»Nein, nur ein kleiner Scherz. Ich dachte: Wenn den einer versteht, dann Sie.«

Glücklich lehne ich mich zurück. Inzwischen nimmt man den Sensenmann also schon als Spaßvogel wahr. Es geht auf-wärts. Auch wenn es sich nur ein paar Minuten später wie das komplette Gegenteil anfühlt, denn nach etwas über einer Stun-de setzen wir bereits wieder zur Landung in Frankfurt an.

Herbert und Elfriede sind beim Hinausgehen einer Mei-nung: Sie würden nach dieser erholsamen Reise am liebsten nur noch mit dem Tod fliegen wollen. Man hätte so viel Platz, würde immer gleich bedient werden, und das Klo sei auch nie besetzt. Da sage noch mal einer, fliegen sei furchtbar und im-mer mit einer gewissen Angst verbunden. Man braucht eben einfach nur die richtige Begleitung.

Interviews mit dem Tod

Jugendzeitschrift

Hi Tod, du bist aktuell eine der Neuentdeckungen des Jahres! Die Boys und Girls lieben deine Image-Kampagne. Wie gehst du mit all dem Fame um?

Ach, in meiner Familie waren schon einige berühmt. Hades und Osiris wurden sogar wie Götter verehrt. Aber ich finde es immer noch gewöhnungsbedürftig, wenn man den Tod irgendwo als »Neuentdeckung« bezeichnet.

Du bist eben der Senkrechtstarter, wenn man checkt, dass viele bis vor ein paar Wochen noch nie was vom Tod gehört haben. Und wir kommen gleich zur Sache. Wie war dein erstes Mal?
Schrecklich, ich war total nervös und habe nur gehofft, dass es schnell vorbei geht. Mein Gevatter war auch dabei, um zu schauen, ob ich alles richtig mache. Voll peinlich.

Das ist ja extrem widerlich. Aber toll, dass du so offen damit umgehst. Konntest du es danach jemals wieder tun?
Am Anfang musste ich mich schon überwinden, aber wenn man nett und lieb ist und nicht so rabiat wie mein Gevatter zu Werke geht, dann ist es für alle Beteiligten viel leichter. Und das ist für mich auch immer das Ziel, schließlich ist das Ganze inzwischen mein Job.

Wow, du tust es jetzt auch beruflich? Wegen der Kohle?
Nö, ich mach es völlig kostenfrei.

Also aus Fun?
Naja, Spaß würd ich es jetzt nicht nennen, aber einer muss es ja machen.

Was sagen deine Anhänger dazu?
Oje, ich hab als Tod dasselbe Problem wie Florian Silbereisen. Mir sterben regelmäßig die Fans weg.

Hast du denn auch Groupies?

Viele Emo-Teens wollen mich besuchen und lauern vor der Haustür. Die denken, es wäre eine Win-Win-Situation, aber ich brauch auch mal meine Privatsphäre.

Für uns bist du ein Star, den man mal nicht anfassen möchte.

Danke, das hört man gerne.

Feuilleton

In Anbetracht der veränderten Einstellung zum Tod als Folge der bis heute andauernden und im 18. Jahrhundert beginnenden Säkularisierung und Aufklärung erscheint es doch geradezu offenkundig, dass Ihre Image-Kampagne, Herr Tod, 300 Jahre zu spät initialisiert wurde, nicht wahr?

Jetzt, wo Sie es sagen, fällt es mir auch wie Kalk von den Knochen. Aber ich muss, wenn ich Ihre Frage überhaupt richtig verstanden habe, zu meiner Entschuldigung sagen, dass ich vor 300 Jahren rein gar nix machen konnte, weil ich schlicht und einfach noch gar nicht da war.

Wir konstatieren also: Der Tod behauptet ernsthaft, er wäre eine Erscheinung der Neuzeit? Aber es wird doch nachweislich schon seit Menschengedenken gestorben.

Jajajaja, aber was kann ich denn dafür, wenn die Aufgabe der Öffentlichkeitsarbeit von meinen Vorgängern stets sträflich vernachlässigt wurde? Ich mach Sie doch auch nicht dafür verantwortlich, dass Ihre Vorfahren mal Bücher verbrannt haben, oder?

Mir erschließt sich hier nicht vollständig der kausale Zusammen-
hang, aber wir können gern zum Thema Pietät übergehen. Ist
die aktuell vorherrschende Praxis von Trauerbewältigung und
Achtung gegenüber den Verstorbenen nicht reziprok antiproportional
tional zu dem Vorhaben, als Tod in die Öffentlichkeit zu treten?
Gut, dass Sie das mal ansprechen. Ich kann Ihnen von so einigen
Verstorbenen berichten, denen Pietät im Jenseits ziemlich
am Hintern vorbeigeht. Im Leben allerdings hätten sie
sich manchmal schon ein wenig mehr Würde und Respekt
gewünscht. Da frag ich mich: Wer macht denn jetzt was falsch
mit dieser Pietät? Ich?
Und welcher Praktikant googelt bei Ihnen eigentlich diese ganzen
Fremdwörter?

Wir müssen uns schon aus Prinzip gewählt und unverständlich
ausdrücken, denn wir repräsentieren schließlich die Intellektuellen
len und einzig zur Kritik fähigen Menschen dieses Landes.
Ach so, na dann. Und was ist Ihre Kritik am Tod?

Simpel ausgedrückt empfinde ich Ihre Ideen erschreckend oberflächlich.
flächlich.
Wenn Sie unbedingt wollen, geht es für Sie auch ein paar Meter
tiefgründiger.

Das wäre zu wünschen.
Ich gebe mein Bestes.

Du wirst von Großteilen der Bevölkerung verachtet und als ungerecht empfunden. Wie wir. Wir sind praktisch Leidensgenossen.
Vom Ruf her gleichen wir uns tatsächlich ein wenig. Wahrscheinlich weil wir ähnlich vielen Promis das Genick gebrochen haben. Allerdings bin ich grad dabei, an meinem Image zu arbeiten.

Was sagst du zum Papst, hattest du schon mal Gruppensex und kennst du Außerirdische?
Ihr habt Hitler vergessen. So wird das nie was mit objektivem Qualitätsjournalismus.

Hey, wir bringen dich auf Seite 1!
Dann aber bitte mit Deutschlandfahne im Hintergrund und der Schlagzeile »Wir sind Tod«. Und bitte keine Oben-ohne-Fotos.

Sehr witzig. Warum wirst du so gefürchtet?
Das frage ich mich auch. Ich habe neulich in die TV-Sendung »Mitten im Leben« reingezappt. Und mal ganz ehrlich, wenn das die Mitte sein soll, warum hat dann noch irgendeiner Angst vorm Ende?

Machst du bei unserer neuen Plakat-Werbe-Kampagne mit?
Sorry, ich leide schon genug an mangelnder Glaubwürdigkeit. Da könnt ich ja gleich in die Politik gehen.

Dann fordern wir exklusiv lebenslänglich für all deine Morde und Vergehen!

Großer Fehler! Ich morde nicht, ich hole bloß ab. Das wird öfter mal verwechselt, aber ich bin kein Täter, sondern nur Begleitservice. Rufmord ist eher eure Baustelle.

Leg dich nicht mit uns an. Sonst verschwindet der Tod ganz schnell wieder von der Bildfläche. Aber ganz schnell.

Klingt nach einer ordentlichen Portion Selbstüberschätzung, meint ihr nicht?

Das war's! Von dir hört und liest man nie wieder.

Warten wir's ab. Ich rede heute Nacht mal mit eurem Chefredakteur. Bin gespannt, wer am Ende am längeren Hebel sitzt.

Das wahre Paradies

Wie jeden Freitagabend sitze ich im *Paradies* und trinke mein Feierabendbier.

Auf einer kleinen Bühne singt Amy gerade in ihrer unnachahmlichen Weise *Back to black*. Johann sitzt neben mir am Tisch und schmachtet völlig in seine eigene Welt versunken die reichlich tätowierte Sängerin an.

»Die Kunst ist lang! Aber kurz ist unser Leben«, seufzt er in seiner anstrengend feinsinnigen Art. Ich ignoriere den unterschwelligen Vorwurf und zünde mir eine Zigarette mit Vanille-Aroma an.

»Looook out! Loooooook out!!!«, brüllt es plötzlich panisch

hinter uns. Wenige Sekunden später stürmt Diana angestrengt mit vier vollen Bierkrügen in der Hand an unserem Tisch vorbei und verschwindet stolpernd im Nebenraum. Beinah wäre sie über das Kabel von Amys Mikro gefallen. Ich muss lächelnd an meine eigene Zeit im Servicebereich der Gasthausbrauerei denken. Eigentlich ist Diana durch ihre hektisch nervöse Art relativ ungeeignet für diesen Job, aber jeder, der diese Schönheit einmal gesehen hat, wird zugeben, nirgendwo anders als im Paradies sollte diese Frau arbeiten.

»Gott, hilf doch dieser hübschen Maid«, ruft Johann empört in die Runde, ohne sich jedoch selbst zu rühren.

»Ick hab ja nu wirklich jenuch zu tun«, brüllt Gott vom Tresen zurück. Wie immer sitzt der Chef des Ladens hinten in seiner Ecke über den Abrechnungen und beobachtet argwöhnisch sein Reich. Helfen tut Gott nur recht selten, aber sehen, sehen tut er angeblich alles. »Wenn ick nich ständig kieke un uffpasse«, erklärt er ungefragt jedem Gast mehrmals am Abend, »dann jeht's janz schnell nach unten mit die jesamte Saftladen hier, aber janz nach unten.«

Dass Diana als einzige Bedienung völlig überfordert ist, scheint ihn aber trotz allumfassender Aufmerksamkeit nicht zu interessieren. Probleme erkennen ist eben nur ein Teil der Lösung, sagt Albert immer.

Apropos Albert. Wo steckt dieser Wirrkopf bloß wieder? Wir waren heute eigentlich verabredet, doch wahrscheinlich kam wieder irgendein Einfall dazwischen, den der Gute unbedingt zu Papier bringen musste. Wie immer. Denn an Ideen mangelt es ihm nie. Uns eint neben der gleichen Stammkneipe vor allem der gemeinsame Versuch, der Menschheit zu erklären, dass Zeit im Grunde völlig relativ ist.

»Mehr Licht«, ruft Johann dem Bühnentechniker zu, als Amy in den Rauchschwaden zu verschwinden droht. Wie es sich für eine zünftige Eckkneipe gehört, ist hier im *Paradies* nämlich auch das Rauchverbot längst Geschichte, und es wird gequalmt, dass die Luft steht. Doch immer kurz vorm völligen Orientierungsverlust wankt die tapfer umherirrende Diana mit einem panischen »Looook out!« vorbei und zerreißt mit ihrem schwankenden Biertablett, einem Eisbrecher gleich, das bedrohliche Gemisch aus Qualm, Schweiß und Aussichtslosigkeit. Ein wahrhaft beeindruckendes Naturschauspiel, fern von Rauchergesetzen, Gastro-Kontrolleuren oder Hygiene-Smileys. Ich lächele vergnügt, nirgendwo ist es so herrlich dreckig wie im *Paradies*.

Amy beendet mit einer kunstvollen Phrasierung ihren Song. Johann springt begeistert auf und jubelt: »Welch Schauspiel! Aber ach! Ein Schauspiel nur! Augenblick, verweile doch. Du bist so schön.«

Ich setze mich zu Gott an den Tresen. Der Typ fasziniert und gruselt mich zugleich. Egal, zu welcher Uhrzeit man das *Paradies* betritt: Gott ist immer schon da.

»Ganz schön viel Verantwortung, so 'ne komplette Kneipe, was?«, frage ich ihn nach einer Weile.

»Weesste, es jibt so Tage, da denk ick: Wofür die janze Plaggerei, dwürd doch nien lehm watt mit die janze Saftladen hier. Wenn ick nich kieke un uffpasse, dann ...«

»... dann jeht es janz schnell nach unten, ich weiß«, vollende ich die Lieblingsphrase Gottes.

»Jenau«, grummelt er nickend in seinen Bart, »aber janz, janz nach unten.«

»Looook out«, schallt Dianas Stimme erneut durch den

Gastraum. Dabei steht sie inzwischen am Zapfhahn und außer mir und Gott ist gar keiner in der Nähe, der achtgeben müsste. Wahrscheinlich bereitet sie sich mental bereits auf die nächste Irrfahrt durch das Lokal vor. Sollte sie irgendwann einmal wirklich stürzen und einen Gast mit allen Getränken überschütten, könnte zumindest keiner behaupten, er sei nicht rechtzeitig und oft genug gewarnt worden.

»Die Jute hat ständig Angstjefühle«, seufzt Gott und schaut besorgt seiner Angestellten hinterher, »ick pass doch uff, sach ick imma, wat soll'n da großartig passier'n?« Ich verkneife mir einen entsprechenden Kommentar über die legendäre Fürsorge des Kneipenbesitzers. Früher war er angeblich ein echt lässiger Kerl. Albert hat mir von ein paar Promotion-Aktionen erzählt, die noch heute legendär sind. Unübertroffen: die Lost-Paradiso-Wochen mit Evas Apfelkuchen und Schlangenkompott. Oder das überbackene Heuschrecken-All-You-Can-Eat oder Schaumparty mit Sintflut-Vati. Das waren die glorreichen Glanzzeiten des Ladens, inzwischen lebt das *Paradies* nur noch von seinem guten Namen. Irgendwas hat Gott mal kräftig die Laune verhagelt. Wahrscheinlich Familienprobleme. Vielleicht wird er aber auch einfach nur alt. In meinem Kopf spricht Johann: »Keine Kunst is's, alt zu werden; es ist Kunst, es zu ertragen.«

Mit einem Knall öffnet sich plötzlich die Tür. Ein tentakelköpfiger Schatten steht am Eingang. Manchmal lässt Alberts Frisur sogar mich für einen kurzen Moment schaudern.

»Tschuldigung, tschuldigung«, kommt er händefuchtelnd direkt zu uns an den Tresen. »Mensch, Tod, ich hätte unseren Termin fast wieder verschwitzt.« Dabei nickt er Gott nur flüchtig zu. Beste Freunde werden die zwei wohl nie, jeder beäugt skeptisch die gegensätzlichen Ansichten, und so richtig glauben tun sie beide nicht aneinander.

»Kein Problem«, antworte ich, »ich hätte mich ehrlich um dich gesorgt, wenn du pünktlich gekommen wärst.«

Gott gluckst zustimmend hinter seiner Abrechnung. Mit selbiger muss übrigens jeder Gast rechnen, wenn er zu viele Getränke anschreiben lässt. Dann wird man in der Regel recht theatralisch aus dem *Paradies* geworfen. Albert findet das albern. Ich bin da auf der Seite des Gastronoms, weil ich finde, dass es durchaus Berufe gibt, die ein konsequentes Durchgreifen erfordern.

»Weißt du, was mir heute bei der Arbeit über die Elektrodynamik der bewegten Leben aufgefallen ist?«

»Nein, wie sollte ich? Du bist das Genie«

»Ach, weißt du, im Grunde ist doch jeder ein Genie. Aber wenn du einen Fisch bloß danach beurteilst, ob er auf einen Baum klettern kann, dann wirst du immer dem Irrglauben nachhängen, dass er dumm und nichtsnützig sei. Es ist doch so: Wer ein tadelloses Mitglied einer Schafherde sein möchte, muss vor allem immer zuerst ein Schaf sein.« Gott schaut kurz auf und tippt sich an die Stirn, als müsste er mir noch mal seine Meinung über Alberts Geisteszustand kundtun.

»Haha, dies ist also des Pudels Kern«, ruft der inzwischen ordentlich angetrunkene Johann herüber, während er dabei die berauschte Amy und eine halbleere Weinflasche in den Armen hält.

»Aha«, sage ich nur und verspüre, verwirrt von all den Schafen, Fischen und Pudeln, die auf einmal in meinem Schädel herumspuken, Durst auf ein Bier. Aber allein der Gedanke an

Dianas panischen Blick bei einer zusätzlichen Bestellung lässt mich meinen Wunsch wieder verwerfen.

»Ick gloob, ick bau ne Rolltreppe«, sinniert Gott plötzlich, »dann komm ooch wieder mehr Jäste hier hoch.«

»Phantastischer Einfall«, lobt Albert, ungeachtet der Tatsache, dass das *Paradies* ebenerdig gelegen ist und auch nur über ein Stockwerk verfügt.

»Oh, wie würde eine Himmelsleiter meine Seele stets erfreuen«, kommt es von hinten.

»Jenau, ne janz schnieke Rolltreppe.« Albert kichert und streckt mir dabei ungeniert die Zunge raus. Ich hasse es, wenn er das tut.

Im Hintergrund stimmen Johann und Amy zweistimmig den Gassenhauer »Kreuzberger Nächte sind lang« an. Je länger man im *Paradies* verweilt, umso mehr bekommt man den Verdacht, dass es sich dabei gar nicht um ein Lokal, sondern eher um ein Irrenhaus handelt.

»Loook out«, bekräftigt Diana zuverlässig meine zugegebenermaßen nicht gerade gewagte These. Aber als ich einen kurzen Moment meinen Blick über all die Gesichter schweifen lasse, wie sie scherzen, streiten und gemeinsam trinken, da bin ich wirklich froh, dass es das *Paradies* gibt. Diesen wirren Flecken voller seltsamer Leute, die problemüberladen die abgedrehtesten Ideen spinnen, um die Welt neu zu erfinden, die sich über andere aufregen und Pläne schmieden, die sie nie zu Ende bringen werden. Alles nur um ein wenig Ablenkung vom eigenen Elend zu bekommen. Das *Paradies,* ein Ort der unbegrenzten Möglichkeiten, nicht realistisch und schon gar nicht perfekt. Ein Ort, der laut, stinkend und viel schmutziger ist, als man ihn sich in seinen schlimmsten Träumen vorstellt. *Das*

Paradies, mein Lieblingsplatz, unauffällig versteckt irgendwo in Berlin.

An jeder zweiten Ecke.

Tod am Telefon

»Guten Morgen und herzlich willkommen beim Faschingsgeschäft Spaß & Vogel. Mein Name ist Melanie Kruse, was kann ich für Sie tun?«, meldet sich eine extrem gutgelaunte Stimme am anderen Ende der Leitung.

»Halloooo«, versuche ich, ähnlich beschwingt das Telefonat zu beginnen, »hier ist der Tod.«

Kurzes Schweigen.

»Äh, bitte, wer?« Ich seufze auf. Irgendwie gelingt es mir nie, die lockere Stimmung über die Vorstellung meiner Person hinaus zu retten.

»Na, der Tohood.«

»Aha, der Tod ...«

»Genau. *Der* Tod. Kennen Sie noch andere?«

»Mh, eigentlich nicht. Ich wusste nur nicht, dass der Tod anruft.«

»Ja, da haben Sie im Grunde recht«, stimme ich meiner Gesprächspartnerin zu, »ich wollte eigentlich auch direkt vorbeikommen, aber dann verschlafen Sie wieder wie jeden zweiten Tag oder machen eine Ihrer beinah schon legendären, ausgiebigen Frühstückspausen, die sich im besten Fall bis zum Mittag hinziehen, vielleicht haben Sie sich konsequenterweise auch einfach mal krankschreiben lassen und fehlen komplett, was weiß denn ich, aber in all diesen Fällen wäre für mich der ganze Weg für die Katz. Da ruf ich doch lieber vorher mal an. Sie glauben ja gar nicht, wie oft ich in meinem Beruf unnötig herumlaufe oder Treppen hinaufsteigen muss. Die Leute warten nämlich nicht gerade auf meinen Besuch. Die fahren in den Urlaub, gehen arbeiten oder sitzen blöd im Park rum. Ja, stimmt schon, natürlich, ich könnt's so machen wie die Heizungsableser und vorweg einen Zettel in den Briefkasten schmeißen: ›Bitte Tür öffnen, um 10.35 Uhr kommt der Tod.‹ Aber ich sag Ihnen: Bei meinem schlechten Ruf ist dann erst recht keiner zu Hause. Oder alle würden den Nachbarn bitten aufzumachen.«

Erneut Schweigen. Wahrscheinlich habe ich die Gute damit etwas überfahren, aber manchmal sprudelt es eben einfach so aus mir heraus. Mit meinem Redeschwall könnte man ganze Talkshows füllen, nur lädt mich hierzu nie jemand ein. Eventuell überlegt die arme Frau Kruse auch bloß, ob sie sich gerade mitten in einem obskuren Telefonstreich befindet, den ihr irgendein furchtbar kreativer Radiosender spielt, um seine schwindende Hörerschaft bei Laune zu halten. Telefonieren ist in meiner Position gar nicht so einfach. Es gibt sogar Leute, die legen einfach auf, wenn ich mich melde. Frau Kruse schweigt nur. Ihr wird doch wohl nix passiert sein? Nein, ausgeschlossen, beruhige ich mich selbst, davon wüsste ich schließlich als Erster.

»Hallo?«, versuche ich es erneut ganz vorsichtig, »noch jemand da?«

»Jaja, alles in Ordnung. Ich frag mich nur gerade, warum der Tod so eine hohe Stimme hat. Ich hätte mir da eher etwas dunkles Bedrohliches vorgestellt.«

»Sehen Sie, und genau das ist doch das Dilemma, der Knackpunkt, die Büchse der Pandora«, entfährt es mir, »Vorurteile, Vorurteile, Vorurteile. Keiner verbindet mit mir Attribute wie lieb, nett oder humorvoll, alles nur böse und negativ. Mein Image ist vollkommen im Eimer. *Das kann ich auf den Tod nicht leiden.* Das ist doch keine Redewendung, das ist Diskriminierung, verstehen Sie?«

»Ja, ich ... ich glaube schon. Hören Sie, es ist wirklich nett, mit Ihnen zu plauschen, Herr Tod, aber Sie wissen ja, wie das ist. Termine, Termine, Termine, und ich habe leider nicht ewig Zeit.«

»Meine gute Frau Kruse, Sie können sicher sein: Das weiß gerade bei Ihrem Lebenswandel niemand so gut wie ich. Darf ich aber noch schnell meine Bestellung aufgeben?«

»Jaja, äh, aber sicher. Was mag der Tod denn bloß bei uns bestellen wollen?«

»Nichts Ungewöhnliches. 500 Kilogramm buntes Konfetti.«

»500 Kilo?«

»Ist das ein Problem? Wir sind ein großes Unternehmen, der Verbrauch ist enorm.«

»Wozu benötigt denn der Tod Konfetti?«

»Naja, wie Sie ja selbst schon bemerkt haben: Mein Ruf ist nicht der beste. Daher sind wir intensiv bemüht, fröhliche Elemente in den finalen Besuch einfließen zu lassen. Haben Sie vielleicht noch andere thematisch passende Produkte auf Lager? Tröten? Luftschlangen? Seifenblasen?«

»Mh, vielleicht Kamellen oder Schokolade?«

»Ah, *der süße Tod,* wirklich eine feine Idee, toll! Ich lasse es mir durch den Schädel gehen. Wann kann ich das Konfetti abholen?«

»Sie wollen vorbeikommen? Sollen wir die Ware nicht lieber schicken?«

»Machen Sie sich nicht ins Hemd. Sie werden sehen: Ich bin auch nur ein ganz normaler Tod.«

»Na gut, nächsten Donnerstag müsste die Lieferung da sein. Aber eine Frage habe ich noch: Erscheinen Sie mit einem lauten Knall und in Rauchschwaden gehüllt hier im Laden oder klingeln Sie ganz regulär?«

»Ich muss sie leider enttäuschen«, trete ich auf die Phantasiebremse, »auf Hogwarts war kein Platz mehr für mich frei. Ich komme mit dem Fahrrad und klopfe. Beeindruckend, was?« Es kichert am anderen Ende.

»Sie transportieren 500 Kilogramm Konfetti mit dem Fahrrad?«

»Verdammt, Sie haben recht.«

»Doch lieber per Post?«

»Nein, keine Umstände. Dann nehme ich ein Taxi.«

»Ach, und warten Sie! Muss ich noch irgendwas beachten, wenn der Tod eintritt?«

»Ach, Gottchen, nein. Freuen Sie sich einfach darauf und genießen Sie das Erlebnis.«

»Ich versuch's.«

»Das ist doch schon mal ein Anfang. Mehr verlange ich überhaupt nicht.«

»Aber Sie holen nur das Konfetti, ist das klar?«

»Und Ihren Chef«, scherze ich. Frau Kruse gluckst. »Sie werden mir immer sympathischer.«

Na also, geht doch, denke ich mir, verabschiede mich freundlich und lege vergnügt auf.

Friedhofsgeflüster

Vorgestern hat mir Klaus M. eine E-Mail geschrieben. Klaus M. ist Friedhofsgärtner und lebt wie ich vom Sterben anderer Leute. Als er letzte Woche zufällig auf mein Interview in der Zeitung gestoßen war, hatte er sofort den Einfall, mit mir Kontakt aufzunehmen. Das ist gar nicht so schwierig, wie sich das manch einer vorstellt. Ich habe mittlerweile sogar ein Facebook-Profil. Auch muss man für eine Verabredung mit mir nicht kurz davor sein, das Zeitliche zu segnen, denn natürlich treffe ich mich durchaus auch privat mit anderen Leuten. Immer nur arbeiten, das wäre bestimmt nicht gesund. Das dachte sich auch Klaus M. und fragte mich, ob wir uns nicht mal gemeinsam zu einer Friedhofsführung verabreden könnten, da ihm während all der Jahre am Arbeitsplatz immer ungewöhnlichere und teilweise sogar sehr amüsante Dinge aufgefallen wären, die er einfach mal gerne mit irgendwem teilen würde, was er sich aus Gründen des Anstands und der Pietät bisher aber noch nie getraut hatte. Und als er dann vor einigen Tagen kurz vor Schichtbeginn im arbeitsnahen Kiosk »Um die Ecke« seinen Morgenkaffee trank, da fiel sein Blick wie zufällig auf die aufgeschlagene Zeitung, und ein Lächeln zauberte sich auf sein Gesicht. Wer, wenn nicht der Chef persönlich, würde ihn verstehen? Anscheinend hatte der Sensenmann ein ganz ähnliches Problem und würde ein offenes Gespräch mal ganz ohne moralische Belehrungen ebenso wie Klaus M. zu schätzen wissen.

»Da haben Sie voll ins Schwarze getroffen«, gebe ich offen zu, als wir gerade gemeinsam durch das Eingangstor schlendern und deute dabei auf meine dunkle Kutte. Und das sage ich nicht nur aus Höflichkeit, denn im Gegensatz zur weitläufig verbreiteten Meinung habe ich von Bestattungen, Friedhöfen und all den vielen unterschiedlichen Verfahren rund um den zurückgelassenen Leib recht wenig Ahnung. Ich weiß um den Weg der Seelen, aber was mit den leblosen Körpern passiert, weiß ich genauso wenig wie jeder andere Normalbürger auch. Das kann man sich wie mit einer Cola-Dose vorstellen. Wer sie trinkt, weiß ziemlich genau, wo sich die Flüssigkeit des Getränks befindet und wo sie bald landen wird. Was aber mit der Dose geschieht, nachdem sie weggeworfen wurde, wer sie abholt, an welchem Ort sie wiederverwertet wird und welche Prozeduren mit ihrer Entsorgung verbunden sind, dass kennen die meisten nur vage vom Hörensagen. Es ist auch nicht so, dass ich neben Gräbern in irgendeiner Gruft wohne. Völliger Blödsinn. Ein Klempner schläft ja auch nicht zwangsweise im Klärwerk, nur weil er als Job verstopfte Abflussrohre reinigt. Ein Treffen mit Klaus M. war daher schon aus purer Neugier unumgänglich.

Unser Weg führt uns zu einem unscheinbar aussehenden Reihengrab. Der Friedhofsgärtner hält an und deutet auf das Schild, das daneben in der Erde steckt.

»Hier, schauen Sie mal. So was meine ich.« *Ruhezeit abgelaufen* ist darauf zu lesen. »Das klingt schon irgendwie komisch, oder? Als müsste nun jemand den Verstorben hochholen und sagen: ›Genug gefaulenzt! Mann, Mann, deinen Job möcht ich mal haben, nur rumliegen! Raus da jetzt, andere wollen auch mal drankommen.‹« Da kann ich ihm nur zustimmen. In Wirklichkeit, erklärt er mir dann aber sofort, hängt dieses Schild mit den 20 Jahren zusammen, die ein Grab durchschnittlich vergeben wird. Nach dieser Zeitspanne ist der Körper in der Regel vollständig zersetzt und biologisch einwandfrei kompostiert. Früher konnte man diese Frist aus Gedenkgründen verlängern, mittlerweile ist die Platznot vor allem in Großstädten aber so groß, dass nach einem Fünftel Jahrhundert wirklich Schicht im Schacht ist. Ruhezeit abgelaufen.

Wir wandern weiter. An Engelsstatuen und steinernen Kreuzen, monumentalen Familiendenkmälern und liebevoll versteckten Andenken vorbei. Manch ein Stein glänzt mit phantasievollen Details. Ein Bergsteiger hat den Ort seines letzten Aufstiegs mit Felshaken, Seil und Gipfelkreuz verzieren lassen, ein Kapitän ruht in einem kleinen Schiff. Auf dem Grab eines Schornsteinfegers findet sich neben den Abbildungen von Stoßbesen, Zylinder und Schultereisen der Spruch »Er kehrt nie wieder«. Ich lächele. Zumindest ein dunkler Mann, den die Menschheit als Glücksbringer in ihr Herz geschlossen hat.

»Es ist hier gar nicht so still, wie man immer denkt, Herr Tod, nicht wahr?« Vögel zwitschern, Grillen zirpen, aus der Werkstatt hört man ein dumpfes Hämmern.

»Oh ja, ich würde sogar sagen, mein Steißbein juckt, und das ist meistens ein Anzeichen für wimmelndes Leben.«

»Jaja, da sagen Sie was. Wer würde das hier vermuten? Und denken Sie bloß nicht, ich würde nicht ordentlich sauber machen, aber es ist uns ganz offiziell untersagt, das abgestorbene Gehölz neben den Gräbern wegzuräumen. Ahnen Sie den Grund?«

»Ich tippe mal auf den Klassiker: Sparmaßnahmen?«

»Nein, nein, Forscher haben herausgefunden, dass sich im Schutze der verwesenden Pflanzen Insektenarten entwickeln können, welche die Grundlage für die Existenz seltener Pflanzen und Vögel darstellen, die in Städten nur noch auf Friedhöfen zu finden sind.«

»Und räumt man den Tod beiseite, zerstört man unweigerlich neues Leben. Wie symbolträchtig.« Klaus M. nickt begeistert. Das Zusammenspiel von Leben und Tod wird dem aufmerksamen Betrachter besonders auf den Friedhöfen der Metropolen vor Augen geführt. Inmitten von Beton, Abgas und Asphalt bieten sich der Natur hier ungeahnte Ruheoasen, die eine geradezu beängstigende Artenvielfalt ermöglichen. Wer würde an so einem Ort das Fundament für so viel Leben vermuten?

Mein persönlicher Friedhofsführer treibt mich bereits zum nächsten Kuriosum. »Kommen Sie bitte mal hier herüber. Was sagt man denn dazu?« Wir stehen vor einer Wand voller Urnen. In vielen kleinen Nischen hat dort die Asche der Verstorbenen einen persönlichen Gedenkort. Vor einer Vase klebt der Hinweis *Verwandte bitte melden.*

»Eigentlich ist das der Hinweis der Friedhofsleitung, die meist wegen ein paar offener Formalia um ein Gespräch bittet. Aber ganz ehrlich: Für mich klingt das irgendwie, als würde der Verstorbene versuchen, Kontakt zu seinen Familienmitgliedern herzustellen.« Klaus M. lacht währenddessen so herzlich, dass es mich richtig rührt, wie gut es ihm anscheinend tut, all diese Gedanken mal laut auszusprechen. Mir wird in diesem Moment wieder einmal bewusst, dass es oft eben die Anwesenheit des Todes braucht, damit die Menschen den Mut fassen, so zu leben, wie sie es eigentlich schon lange möchten.

Klaus M. zeigt mir noch seine prachtvollsten Dekorationen, erklärt, dass die weiße Lilie schon seit der Antike als Blume des Todes gilt, und führt mich zu einer leicht verrosteten Bank unter einer alten Trauerweide, auf der wir noch bis in die frühen Abendstunden sitzen und uns gegenseitig unsere Geschichten erzählen. Dieser Friedhof lädt wahrlich zum Verweilen ein. Ziemlich paradox empfinden wir zum Beispiel beide die Sargpflicht, die sogar beim Verbrennen gilt. Das führt dazu, dass beispielsweise ein Obdachloser sein Leben lang ein Dach über dem Kopf sucht, aber erst wenn er gestorben ist, eines gesetzlich verordnet bekommt. Wir finden Gesprächsstoff ohne Ende: Die neuaufkommende Mode der Discounter-billig-Begräbnisse. Schrecklich. Der Albtraum eines jeden Friedhofsgärtners: die Seebestattung. Existenzbedrohend.

Der Paragraph im Gesetzbuch, der festlegt, dass einer Ehefrau, die ihren Mann ermordet hat, keine Witwenrente zusteht. Gemein.

Als wir aufbrechen, dämmert der Abend bereits und uns beiden, dass vieles in Wirklichkeit gar nicht so ist, wie es auf den ersten Blick zu sein scheint. Und wenn wir nicht den Mumm haben, uns mit dem zu beschäftigen, was uns Angst macht, dann dürfen wir uns auch nicht wundern, wenn sie nie verschwindet. Klaus M. strahlt und winkt mir noch eine Weile nach. Der Ruf einer Eule begleitet unsere Verabschiedung.

Eine Eule. Mitten in der Stadt. Also Sachen gibt's.

Die Top 10 der originellsten Grabsteinsprüche

10. Hier liegt der Arzt Herr Doktor Grimm,
    all, die er heilte, neben ihm

9. Hier liegt begraben die ehr- und tugendsame
   Jungfrau Maria Voggelhuber,
   betrauert von ihrem einzigen Sohn

8. Grabinschrift eines Dachdeckers:
   Hier fiel der Jakob Finkenscheid
   Vom Hausdach in die Ewigkeit

7. Du stehst noch hier, und ich bin hin,
   bald bist du dort, wo ich schon bin

6. Hier ruhet leider mein Gemahl,
   er war der Schneider hier im Tal,
   an seiner Stelle setz ich dort
   mit dem Gesellen die Arbeit fort

5. Hier ruht mein Weib, Gott sei's gedankt!
   Solang sie lebte, war nur Zank.
   Geh, Wanderer, gehe flugs von hier,
   Sonst steht sie auf und zankt mit dir!

4. Hier liegt die ehrsame Johanna W.
   Gestorben ist sie im siebzehnten Jahr,
   Just als sie zu gebrauchen war

3. Es ist doch nicht zu fassen,
   er kanns auch jetzt nicht lassen,
   er liegt drei Gräber weiter,
   bei Frau Franziska Reiter

2. Hier ruht Frank Solf
   Ein guter Ehemann,
   ein guter Vater,
   aber ein schlechter Elektriker

1. Grab eines Totengräbers :
   Wer anderen eine Grube gräbt ...

Heide Friedrichs

»Weißt du«, gesteht Heide mit ihrer unverwechselbaren knarzigen Stimme, »ich hab schon lang keine Angst mehr vor dem Tod. Er kommt ja doch nicht.« Dabei zieht sie so sehnsuchtsvoll an ihrer Zigarette, dass ich beinah schon ein schlechtes Gewissen bekomme.

»Naja, wenn jemand dem Ende so mutig ins Gesicht schaut wie du«, versuche ich es mit einer versteckten Prise Ehrlichkeit, »dann verliert der Sensenmann neben dem Schrecken anscheinend auch seine Arbeitsmoral.« Heide Friedrichs lächelt über meine verlegen zusammengeschusterte Bauernweisheit und wippt, umgeben von Rauchwolken, weiter selig auf ihrem Schaukelstuhl. Manchmal frage ich mich, ob sie nicht längst Bescheid weiß und mich mit ihren versteckten Andeutungen nur versucht zu necken. Ich muss allerdings auch gestehen, es wird langsam ziemlich auffällig. Die Gute ist inzwischen 102 Jahre alt. Sie raucht eine Schachtel Zigaretten am Tag, trinkt jeden Abend ein paar Gläser Likör und ist schon zweimal die Kellertreppe hinuntergefallen. Sie hat zahlreiche Wirtschaftskrisen, Weltkriege und Ehemänner überlebt. Eigentlich müsste sie längst auf der anderen Seite sein, aber auch ich habe eine sentimentale Seite. Heide war mein allererster eigener Auftrag. Die ihr damals verkaufte Sense lehnt noch immer wie ein heiliges Relikt aus vergangenen Zeiten an ihrem herrlich antiken Wandschrank. Die Erinnerung an unsere ungewöhnliche Begegnung trage ich seitdem wie einen kleinen Schatz mit mir herum. Als ich vor ein paar Jahren mit dem Auftrag kam, sie zu holen, hielt sie mich noch für einen Vertreter, der versucht, Gartenwerkzeug unter die Leute zu bringen. Als sie dann aber mit der Zeit skeptisch wurde, weil ich immer nur, wenn überhaupt, eine einzige Sense mit dabei hatte, habe ich ihr schließlich erzählt, dass ich die nur noch aus Gewohnheit mitnehme und eigentlich Versicherungen verkaufe, was mir seitdem den angenehmen Vorteil verschafft, dass ich mich mit diesem Hintergrund auch weiterhin ziemlich authentisch und wahrheitsgemäß über meinen schlechten Ruf und das undankbare Haustürgeschäft beschweren kann. Mindestens einmal die Woche schaue ich vorbei, und dann lassen wir in ihrer kleinen Zwei-Zimmer-Wohnung in Wilmersdorf gemeinsam die Seele baumeln. Meinen wahren Job habe ich ihr nie offenbart, denn eigentlich ist diese Vertretergeschichte gar nicht so verkehrt. Schließlich bin ich für Heide Friedrichs genau das: ihre Lebensversicherung.

Selbstverständlich gibt es in meiner Branche eine Art Ehrenkodex, was die Ausführung der Arbeit angeht, aber Freundschaften sind selten für den Tod, deshalb versuche ich diese zarte Pflanze zu pflegen, so unauffällig es mir möglich ist.

»Spielst du mir noch was auf der Blockflöte vor, Hein?«, bittet meine Freundin, wie sie es fast jeden Abend tut, wenn sie merkt, dass ich unruhig werde und sich mein Besuch dem Ende nähert. Weil ich unsere Freundschaft nicht riskieren wollte, habe ich mich vor einiger Zeit mal in einer Kurzschlussreaktion als Hein Schnitter vorgestellt und viel zu spät bemerkt, dass der gewählte Vorname im Diesseits bereits völlig aus der Mode gekommen zu sein scheint. Jedes Mal, wenn mich Heide nun mit Hein anspricht, fühle ich mich wie ein Telefon mit Wählscheibe, das peinlich berührt neben einem Smartphone erkennen muss, dass es irgendwie den Absprung verpasst hat.

»Ich habe den Walzer immer noch nicht geübt«, gestehe ich ehrlich, »Strauss ist gar nicht so einfach auf der Flöte.« Heide lacht herzlich.

»Wenn es meine alten Knochen zulassen würden, dann würde ich dir beweisen, dass Musik keine Frage des Übens, sondern vor allem des Gefühls ist, mein Guter. Was habe ich es früher geliebt, im Dreivierteltakt zu ›Freut euch des Lebens‹ über die Tanzfläche zu fegen.«

Pha! Freut euch des Lebens! Ob Strauss auch ein Stück namens ›Freut euch des Todes‹ komponiert hat? Wahrscheinlich nicht. Von all der Erwartungshaltung ziemlich eingeschüchtert, beginne ich nervös die Melodie von ›My Heart Will Go On‹ zu spielen. Die oberen Töne fiepsen peinlich schief durch den Raum, und auch die Triller gelingen mir nicht so locker wie gewohnt, doch als ich bemerke, wie Heide Friedrichs bereits nach wenigen Takten mit geschlossenen Augen vor sich hinträumt, glücklich lächelnd und leise im Rhythmus meines Spiels wippend, da erscheint es mir beinah unhöflich, in diesem Moment auch nur irgendetwas Negatives zu empfinden.

Vielleicht bin ich ja doch nicht so unbegabt und sollte meine Künste auch mal bei anderen Hausbesuchen anbieten. Als Anti-Angst-Therapie und Beweis, dass es überhaupt nicht schlimm sein muss, wenn mal einer flöten geht.

Als ich den letzten Ton langsam ausklingen lasse, ist Heide Friedrichs bereits eingeschlafen. Während ich sie so friedlich schlummernd betrachte, kommt mir der Gedanke, dass jetzt wahrscheinlich der ideale Zeitpunkt gekommen wäre, um sie auf die andere Seite zu holen. Ich nähere mich vorsichtig. Der perfekte Moment.

Blöderweise wollen wir nächste Woche noch zusammen das Sudoku-Rätsel fertig lösen. Ja, gut, gestehe ich mir ein, da kann man nun wirklich nix machen, versprochen ist eben versprochen, und ein Tod hält sein Wort. Und aufgeschoben ist schließlich auch nicht aufgehoben. Auf Zehenspitzen verlasse ich leise die Wohnung. Beim nächsten Treffen hole ich sie gewiss, versichere ich mir nicht zum ersten Mal und schließe vorsichtig die Tür. Und entgegen aller Absichten sollte ich mit dieser tollkühnen Behauptung, die ich mir eigentlich nur schwor, um noch einmal wiederkommen zu dürfen, zu meinem eigenen Bedauern recht behalten. Eine Weisheit sagt: Liebe sei stärker als der Tod, doch manchmal, das war die Lektion, die noch auf mich wartete, muss ein Tod auch genau deswegen handeln.

Aus Liebe.

Briefverkehr mit dem Tod

Liber Tot,
ich heise Steffi und bin 11 Jare alt. Ich fint dich gans tol.
Hier mal die Adrese von meinem Matte-Lehrer.

Liebe Steffi,
danke für Deinen Hinweis. Aber wenn ich mir deine Rechtschreibung
so anschaue, dann gib mir doch bitte auch gleich noch die Anschrift
Deines Deutschlehrers.

† † †

Hallo, Tod,
warum heißt es denn umgangssprachlich eigentlich »totunglücklich«, wenn Sie im Grunde doch so ein spaßiger Kerl sind?
Grüße und bis nicht ganz so bald,
Heiko

Hallo, Heiko,
da ging im Laufe der Zeit blöderweise ein »d« verloren. Ursprünglich
heißt es nämlich tot und glücklich.

† † †

Lieber Tod,
hilfst du auch bei Eheproblemen? Es heißt doch, bis der Tod
euch scheidet.
Danke und liebe Grüße,
Sabine

Hallo Sabine,
ja, klar helfe ich. Leider hat Dein Mann zuerst angefragt. Sorry.
Bis gleich.

† † †

Ey, Tod, Digger,
ich find dich voll korrekt. Aber ey, damit du's weißt, ey: Wenn
du mich anfasst, hol ich meine Brüder.
Peace,
Jerome

Lieber Jerome ... ey,
nenn mich noch einmal dick und ich hol deine Brüder.

Heyho, Todi, alter Freund,
hab gehört, Du hast jetzt den Laden übernommen. Lass uns
doch bitte mal über mein Comeback reden. Papa meint, ich
müsste das mit Dir klären.
Peace,
Jesus

Kennste mich?

Ich sitze wegen eines Auswärtstermins im ICE nach Hannover
und lese aufmerksam das DB-Magazin. Ein Artikel über einen
Ort in Italien, der das Sterben aus Platzgründen auf dem Friedhof seit Jahren gesetzlich verbietet, hat mein Interesse geweckt.
Zu meiner Freude habe ich in diesem Zug tatsächlich noch
ein komplett leeres Abteil gefunden, ein wenig Ruhe tut mir
gut. Wie immer währt diese jedoch nicht lang, denn bereits in
Spandau steigt ein Fahrgast zu und lässt sich ohne Zögern auf
den Platz neben mir fallen.

»Boa, wat'n Wetter, was? Ich meine wir ha'm Mai und trotzdem schüttet's wie aus Eimern. Ich hab gehört, auf Mallorca
sind's grad 25 Grad. Das musste dir mal vorstellen, ey, und
hier regnet's voll.« Ich schau kurz von meiner Zeitung auf,
sehe in ein jugendliches Gesicht mit einem im Tigermuster

rasierten Bart, hochgegelten Haaren und brumme »Na, so was aber auch«, in der Hoffnung damit mein Desinteresse an einem Gespräch ausreichend gezeigt zu haben. Doch bevor ich aber überhaupt ein weiteres Wort lesen kann, legt mein neuer Sitznachbar schon wieder von Neuem los.

»Hey, sachma, du weißt schon, wer ich bin, oder? Kennste mich?« Erneut blicke ich dem penetranten Störenfried in die Augen, die mich erwartungsvoll anstrahlen. Ich überlege kurz, schüttele dann aber den Schädel. An diesen Tigerstreifenbart könnte ich mich erinnern.

»Nee, wirklich, keine Ahnung.«

»Jaja, tu doch nicht so, klar, kennst du mich. Muss dir nicht peinlich sein.«

»Mh, wirklich? Wurdest du vielleicht schon mal wiederbelebt?«

»Ne, quatsch. Wie bist du denn drauf? Denk mal an Fernsehen und so. Na, klingelt's?«

»Also die meisten Menschen würden sich wünschen, dass ich sie nicht kenne. Aber so wie du redest und ausschaust bist du entweder ein Exfreund von Sarah Connor ...«

»Falsch.«

»... oder du machst dich in irgendeinem Reality-Mist auf RTL zum Affen ...«

»Ne, auf keinstem.«

»... ach, du Schreck, Du bist doch nicht einer von diesen verlorenen Castingshow-Teilnehmern?«

»Siehste, ich sag doch: Du kennst mich. Alle kennen mich, das ist so krass. Aber damit muss man auch erst mal klarkommen, mit dem ganzen Ruhm und den ganzen Fans und so. Das ist echt nicht einfach, wenn man plötzlich nicht mal mehr in Ruhe mit der Bahn fahren kann, ohne dass man blöde anquatscht wird, verstehste, wie ich mein?«

»Oh ja, das ist wirklich schlimm.«

»Ja, nee, ist schon in Ordnung, is echt o.k. Ich hab mich dran gewöhnt, wirklich jetzt. So'n Promi trifft man ja auch nicht immer.«

»Ach, du kannst mir glauben, ich treff jeden.«

»Haha, bist voll der Stalker oder was? Ey, macht mir nix aus, is ja auch voll interessant, wenn man zufällig so'n Star aus der Glotze trifft. Will man ja alles wissen. Was macht der so, wie is der privat drauf, wo fährt der hin? Ich fahr übrigens zur Fernsehproduktion nach Hamburg.«

»Schööön.«

»Ja, cool, was? Zu Britt. Der Talkshow. Die wird ja abgesetzt bei Sat1, aber keine Sorge die läuft noch weiter bei Sat1 Gold.«

»Da bin ich jetzt aber ehrlich beruhigt. Ich dacht schon ...«

»Neenee, ehrlich, Mann. Die läuft weiter, und ich muss es ja wissen. Ich bin da schon zum vierten Mal. Die stehen extremst auf mich, voll die Groupies, wa?« Ich resigniere.

»Okay, gut, dann lese ich eben später weiter. Was ist denn das Thema der Sendung?«

»Ja, das ist jetzt 'n bisschen komisch, aber nix Falsches denken. Das Thema heißt: Große Brüste machen mich geil!«

»Wie soll ich denn da jetzt nix Falsches denken?«

»Na, Mann, ich war auch schon bei ›Ausländer raus – ihr klaut mir meinen Arbeitsplatz‹, ›ich bin der geborene Soap-Star‹ und ›Du läufst rum wie eine Schlampe!‹«

»Wow. Und das sind alles deine Ansichten?«

»Nee, gar nich, das is mehr so Schauspiel, weißte? Rolle und so. Wie Leonardo DiCaprio. Obwohl, der is voll schlecht. Eher wie Will Smith. So lässig.«

»Aha. Aber eigentlich bis du Sänger?«

»Ja, Mann, ich hätte fast bei DSDS gewonnen.«

»Hui, DSDS. Glückwunsch. Wie weit bist du denn gekommen?«

»Nur bis zum Recall, Alder, aber mir ha'm die Redakteure gesagt, ich wär voll die Erscheinung gewesen. So von Ausstrahlung und Stimme und Klamotten. Und ich hätte auch echt wahrscheinlich voll gewonnen. Aber der Dieter Bohlen nimmt ja nur so Leute, die sich verbiegen lassen, weißte. So Jasager will der Dieter ja immer. Die werden voll bevorzugt. Ey, und bei mir geht das ja mal gar nicht, das haben die gleich gemerkt, wegen Charakter und eigener Meinung und so. Schon schade, echt, aber das is mir extrem wichtig, so autistisch sein und so.«

»*Authentisch,* du meinst *authentisch,* oder?«

»Ey, is mir doch egal. Ich meine, wer bist du überhaupt?«

»Ach, ich bin bloß der Tod.«

»Ja, siehste … der Tod. Kann halt nicht jeder, so mit Fernsehen und Bühne und so. Weil sonst würden's ja alle machen. Ne? Und es muss auch Leute geben, die so Krankenhaus oder Müll wegbringen machen.«

»Oder Tod.«

»Genau. Mach dir nix draus, ich war auch nicht immer berühmt, weißte? Ey, tut mir extrem leid, aber ich muss jetzt auch gleich raus. Busy, verstehste?«

»Wir sind doch grad erst losgefahren. Wo musst du denn hin?«

»Ey, ich will einfach mal meine Ruhe, okay? Ey, nix gegen dich, aber ich brauch auch Zeit für mich, weißte?«

»Da versteh ich dich ausnahmsweise mal voll und ganz.«

»Willste eigentlich noch Autogramm?«

»Nee, kein Bedarf, wirklich nicht.«

»Ey, kein Problem, Mann, echt nich, mach ich voll gerne.« Er nimmt die aufgeschlagene Bahnzeitschrift, zückt aus seiner Jeanstasche wie vorbereitet einen schwarzen Kuli und kritzelt auf das Titelbild seine Initialen. Feierlich, als würde er mir die Schatzkarte von einem gigantischen Goldschatz überreichen, gibt er mir das beschriebene DB-Magazin.

»Kannste später mal teuer verkaufen.«

»Oh ja, bestimmt. Paul McCartney wird sich das Ding unbedingt in seine Villa hängen wollen.«

»Wer?«

»Ach nix.«

»Ey, ich muss jetzt wirklich los. Man sieht sich, okay?«

»Jaja, zwangsweise. So oder so.«

Eilig greift der junge Fernsehgott seine Tasche, schiebt sich gewollt lässig den Kragen seiner weißen Sportjacke nach oben und stürzt aus dem Abteil. Dumpf höre ich ihn bereits nach wenigen Sekunden wieder reden.

»Oh sorry, man, hab dich echt nicht gesehen. Aber ich bin grad voll auf der Flucht, Mann. Ey, ich musste schon wieder voll Autogramme geben, voll nervig. Das wird mir langsam echt zu viel, verstehste? Aber sachma, du weißt schon, wer ich bin, oder? Kennste mich? Klar kennst du mich.«

Ich wende mich amüsiert wieder meiner Zeitung zu und muss mir eingestehen: Egal, wie fleißig ich in Zukunft auch sein werde – es bleibt die Gewissheit: Dummheit bleibt un-aus-sterblich.

213

Was trägt der moderne Tod von heute? Wie bisher edles Schwarz, einfarbig, schlicht und unspektakulär, aber dafür stilvoll und zeitlos im Geschmack? Oder doch eher mal etwas gewagtes mit tailliertem Schnitt, grellen Farben und trendigen Pop-Art-Aufdrucken? In letzter Zeit sinniere ich oft über die Frage, ob ein neues Outfit nicht der entscheidende Schritt zur Verbesserung meines unvorteilhaften Images wäre. Kleider machen Leute, sagen die Hersteller, aber stimmt das überhaupt? Nehmen wir zum Beispiel mal den Weihnachtsmann. Der alte Quartalsfaulenzer hat einen wirklich hervorragenden Ruf, ich bezweifle jedoch stark, dass die Ursache dafür in seinem doch sehr fragwürdigen Kleidungsstil liegt. Oder etwa doch? Muss ich als öffentliche Person albern aussehen, damit mich die Menschheit ein wenig mag? Todi Gaga? Bisher habe ich mich konsequent allen großen Marken verweigert, doch wenn ich dann wieder höre, wie vom »letzten Schrei des nächsten Sommers« geredet wird, dann denke ich unweigerlich, dass Mode und Tod vielleicht doch zusammengehören. Gut, ich muss auch zugeben, diese ganzen Magermodels stehen mir durchaus näher als die meisten anderen Menschen, schon weil sie allein von der Optik den erfreulichen Eindruck erwecken, sich mit einem Bein bereits im Jenseits zu befinden. Aber sollte ein Tod auf das Aussehen achten? Geschmäcker sind verschieden, Kulturen auch – ganz zu schweigen von den ständig wechselnden Trends. Ich bräuchte also nicht nur ein neues Outfit, ich würde einen ganzen Kleiderschrank benötigen. Und wo bleibt dann der Wiedererkennungswert? Obwohl auch da die Frage erlaubt sein müsste: Wozu braucht ausgerechnet der Tod einen Wiedererkennungswert? Nun, zumindest erwarten die meisten eine schwarze Kutte, selbst wenn sie mir vorher noch nie begegnet sind. Würde ich nun auf einmal in Knallgelb erscheinen, würden viele wohl zuerst nach der Post fragen, und ich müsste mich durch diese Verwechslung mit Hunden und liebeshungrigen Ehefrauen herumschlagen. Gibt es überhaupt noch eine unbesetzte Farbe? Orange ist die Müllabfuhr, Rot tragen die Mitarbeiter der Feuerwehr, Weiß lässt meistens auf einen Arzt schließen, Blau sind die Klempner, Grün arbeitet im Garten, und wer Rosa trägt, hat immer irgendwas von einer Prinzessin oder einem Schweinchen. Oft sogar von beidem. Es scheint, als hätte ich gar keine andere Möglichkeit, als mich zwangsweise mit Schwarz zu arrangieren. Selbstverständlich könnte ich mit dieser Erkenntnis trotzdem noch in einer Lack-und-Leder-Version daherkommen oder zumindest einen ordentlichen Smoking tragen, jedoch sind diese Varianten begrenzt und würden einige erfreuen, andere vor den Kopf stoßen. Warum trägt der Tod einen Anzug und kein Abendkleid? Wie viel Haut darf ein Tod zeigen, um allen Menschen mit Respekt zu begegnen? Sollte ein Tod besser aussehen als sein Gegenüber? Ich kann es drehen und wenden, wie ich will: Das höchste Gut des Todes bleibt die Neutralität, und genau deshalb kleide ich mich so, wie ich es tue.

Gewiss, man könnte solche Überlegungen nun als sinnlos bezeichnen, besonders wenn sie am Schluss wieder an dem Punkt enden, von dem man bereits vermeintlich gestartet war. Doch oft stimmt dieser Eindruck gar nicht, und jeder Gedanke öffnet neue Wege. Der Tod stellt alles in Frage, er erschüttert die Grundfesten und dreht das Leben auf den Kopf, nur

damit man einen kleinen Schritt in der Entwicklung voran-
kommt. Ich trage zum Beispiel jetzt bunte Socken unter der
Kutte. Zugegeben, das ist nicht spektakulär oder weltumwäl-
zend, aber ein Anfang. Ein Kompromiss, der mein Vorhaben
berücksichtigt, aber auch alle anderen Erwartungen und Ge-
gebenheiten. Über Veränderung nachdenken ist nie verkehrt.
Und allen skeptischen Verweilern kann man zurufen: Keine
Sorge, alles ist am Ende eh ein Kreislauf. Mode übrigens auch.
Was heute out ist, wird in 20 Jahren wieder Innovation sein.
Wer ewig Nachzügler ist, wird auch mal zum Vorreiter. Aber
Vorsicht: Es wird selektiert, keine Frage und das ist auch gut
so. Schaut euch die Frisuren der achtziger Jahre an. Die Jeans-
jacken. Die Muster. Ich denke, wir sind uns einig: Nicht alles
sollte zwangsläufig wiederkommen. Wird es auch nicht. Es lebe
die Evolution.

*»Der Tod ist erfolgreicher Blogger und Kolumnenschreiber. Mit ihm
wurde Sterben zu DEM Trend des neuen Jahrtausends. Auf seiner
Homepage www.endlich-tod.de äußert er sich regelmäßig zu Themen
wie Die 7 Modesünden oder Deathstyle und stellt exklusive Reiseberich-
te aus Dies- und Jenseits online.«*

Deckel drauf!

»Moin, Andrea.«

»Ah, der Tod, hereinspaziert. Milchkaffee, groß, zum Mitnehmen?«

»Jo, alles wie immer.«

»Wo geht's denn heute hin?«

»Sieben Fälle im Prenzl'berg, zwei in Mitte, vier in Kreuzberg ...«

»Oh, man, als Tod kommt man auch nie zur Ruhe, was?«

»Ach, ich glaube, deine Arbeitszeiten sind schlimmer.«

»Da sagste was. Mach nie 'nen eigenen Laden auf, das ist Stress pur.«

»Oh nee, das wär absolut nix für mich. Von morgens bis abends hinter der Theke, nie Urlaub und am Ende immer die Sorge um den Umsatz.«

»Wie machst du das denn mit Freizeit und Erholung?«

»Delegieren ist das Zauberwort. Ich mach mich doch nicht tot für die ganze Sterberei. Es gibt genug Leute, die Arbeit brauchen.«

»Vernünftig. Aber ich bin so eine Perfektionistin, ich gebe so ungern Dinge an andere ab. Ich meine, das ist mein Laden. Da soll nichts falsch laufen, da muss alles einwandfrei sein. Deshalb mach ich's lieber selbst.«

»Das klingt nach 'nem perfekt durchdachtem Herzinfarkt. Und das wäre echt ärgerlich, du liegst ideal auf meiner Strecke zwischen Wohnung und Bahnstation. Außerdem machst du den besten Kaffee in dieser Ecke.«

»Danke. Wer kann schon den Tod zu seinen Kunden zählen?«

»Hey, und mach diesmal den Deckel ordentlich drauf, gestern hab ich einer armen Seele bei der Abholung das Gebräu fast über ihr letztes Hemd gekippt.«

»Oh, das tut mir leid. War sie sauer?«

»Nee nee, in solchen Situationen haben die Leute ganz andere Sorgen.«

»Das glaub ich, das glaub ich ...«

»Plötzlich und unerwartet bereuen sie auf einmal alles Mögliche. Als wäre vorher nicht genug Zeit dafür gewesen, es besser zu machen. Aber nein, erst wenn ich vor der Tür stehe, werden tausend Dinge bedauert.«

»Ach, Mensch. Was denn so?«

»Zum Beispiel, dass sie viel zu viel gearbeitet haben.«

»Oh.«

»Oder, dass sie sich zu wenig Zeit für sich selbst und ihre Lieben genommen haben.«

»Jetzt willst du mir aber Angst machen, oder?«

»Keineswegs. Viele wünschen sich am Ende, sie hätten sich einfach nur erlaubt, glücklicher zu sein. Das Paradoxe daran ist ja: Es hat ihnen nie jemand verboten. Wenn es dich erfüllt voll und ganz für diesen Laden zu leben, dann tue es ohne Bedenken. Wenn du es aber wegen Profit machst oder bloß um irgendjemandem etwas zu beweisen, dann wirst du dich schneller daran verbrennen, als ich jeden Morgen an deinem viel zu heißen Kaffee.«

»Wow, der Tod verteilt Lebensweisheiten.«

»Oh ja, ich könnt ein Buch darüber schreiben.«

»Schuster bleib bei deinen Leisten. Ich glaube, das würde aus Angst gar keiner lesen wollen.«

»Das alte Problem, ich weiß. Selbst die größten Vegetarier beißen äußerst ungern ins Gras. Deckel richtig drauf?«

»Bombenfest.«

»Und wenn ich das nächste Mal komme, will ich hier mindestens einen Angestellten sehen. Sonst mach *ich* den Deckel drauf.«

»Verstanden, Chef.«

»Bis morgen, Andrea.«

»Ich bring dich ganz nach oben.«

Unwillkürlich muss ich schmunzeln. Den Satz sollte ich mir unbedingt für meine Arbeit merken. Gesagt hat ihn aber gerade niemand Geringeres als Freddy La Voice, der »große Manager und Plattenproduzent«, wie er sich selbst vorgestellt hat. Wobei *groß* in Bezug auf seine Körpergröße nicht ganz passend zu sein scheint, denn eigentlich wirkt er eher ein wenig untersetzt. Aber Freddy La Voice erwähnt seine angeblich riesigen Erfolge so penetrant häufig, als würde er ernsthaft annehmen, damit alle anderen nicht vorhandenen Größen kompensieren zu können.

Wir sitzen bei Frau Sommer in ihrer gemütlichen Bäckerei, wo wir uns »zufällig« getroffen haben. Beziehungsweise wo mir Freddy heimtückisch aufgelauert hat. Denn unser Treffen ist alles andere als ein Zufall. Der selbsternannte Premium-Manager schien zu wissen, wo ich an Firmentagen meine Brötchen hole und erwartete mich wie einen alten Freund am Eingang des Ladens. Ohne viel Umschweife trat er auf mich zu und meinte, wir würden dringend miteinander reden müssen, es ginge um eine richtig große Sache. Bei so einer überzeugenden Ankündigung sagt man als herkömmlicher Tod natürlich nicht einfach nein, und so habe ich mich zum Frühstück einladen lassen, um den Mann, den anscheinend die Todessehnsucht plagt, mal genauer unter die Lupe zu nehmen.

»Ich beobachte deine Karriere schon länger, und ich muss mit all meiner Erfahrung wirklich ehrlich sagen, du hast wahnsinnig viel Potential. Da steckt so viel mehr drin.«

Ich versuche, beim Kauen möglichst interessiert zu gucken, und wische mir unauffällig die Krümel von der Kutte.

»Aha. Was steckt denn da noch so drin?«

»Unglaublich viel mehr. Bücher, DVDs, Fanartikel, Kinofilme, Songs. Vor allem der Musikmarkt. Wir brauchen auf jeden Fall einen Hit. Wir müssen nur einmal charten, und das ist mit deinem Namen und meinen Kontakten wirklich ein Kinderspiel, und dann geht's ab wie mit 'ner Rakete«. Dabei lässt er sein Frühstücksei lautmalerisch aus dem Eierbecher wie ein Raumschiff Richtung Decke starten, dass ich kurz überlege, ob es sich bei dem Ganzen vielleicht wirklich bloß nur um ein Kinderspiel handeln könnte.

»Du meinst also, ich soll singen?« Mir liegt die Floskel mit den Leuten, die sich im Grabe umdrehen, auf der Zunge, ich habe aber gelernt, solche Redewendungen zu vermeiden, weil sie in meinem Falle fast immer zu Irritationen führen. Statt einer Antwort zählt mir Freddy La Voice voller Begeisterung eine Vielzahl mir völlig unbekannter Namen auf, die in den Neunzigern angeblich »irrsinnig erfolgreich« waren und – wie kann es anders sein – alle von ihm produziert wurden. Überhaupt hätten auf seiner Couch im Büro zur Zeit des großen Goldrauschs der Plattenindustrie die angesagtesten Stars gesessen und ihn um einen Vertrag angefleht. Was er verschweigt, ist, dass die meisten dieser Stars nach Vertragsabschluss meist sehr bald auf der Couch meines Gevatters oder eines Psychologen gelandet sind. Manche geistern noch heute zombieartig durch diverse »ganz große« TV-Formate, um für flüchtige Aufmerksamkeit und Taler auch noch ihre Würde zielsicher ins Grab zu tragen.

»Wirklich gut singen konnte von denen keiner, aber mit mir als Produzenten, das wusste jeder, würden sie klingen wie Götter.« Ich hebe meine Kaffeetasse und schlürfe vor Ehrfurcht.

Freddie schmeißt noch ein paar beeindruckende Summen zusammenhangslos in dem Raum, phantasiert von möglichen Rekordgagen und seinem angeblichen Stundenlohn von 5000 Euro, bis er sich schließlich mit einem selbstzufriedenem Gönnerblick zurücklehnt und wie ein Sonnenkönig meine Reaktion erwartet.

»Ja, trotzdem treffe ich mich jetzt mit dir, völlig kostenlos, einfach weil ich bereit bin, in dich zu investieren.« Ich fühle mich so geschmeichelt, dass mir fast der Kaffee wieder hoch kommt.

»Wow, soviel Geld! Und alles nur für mich. Wo kann ich unterschreiben?«, sollte ich jetzt wahrscheinlich sagen. Irgendwie bekomme ich aber nur ein »Äh, kann ich noch ein Mandelhörnchen haben?« zustande. Das scheint den potentiellen Manager des Todes ein wenig zu irritieren. Doch Freddy wittert das dicke Geschäft, steht schließlich widerwillig auf und versucht zähneknirschend, meinen Wunsch zu organisieren. Zufrieden sehe ich ihm nach und kann mir ein Lachen nicht verkneifen, als Frau Sommer schreit: »Was? Ein Mandelhörnchen? Oh nein, welche Nummer haben denn bloß die verflixten Mandelhörnchen?«

Unauffällig schleiche ich mich Richtung Ausgang. Dieses Spektakel wird eine Weile dauern, und ein Tod hat zwar nicht den Stundenlohn eines Freddy La Voice, aber eben wirklich Termine über Termine.

Draußen angekommen, sehe ich noch einen kurzen Augenblick amüsiert durchs Fenster zu, wie Freddy und die Verkäuferin wild diskutieren. Schließlich mache ich mich vergnügt auf den Heimweg in der vollsten Überzeugung, dass es für einen Tod Wichtigeres gibt als einen großspurigen Agenten. Zum

Beispiel gute Freunde wie Frau Sommer, auf die man sich einfach verlassen kann.

Tod in der U-Bahn

Ich stehe in der überfüllten U-Bahn und grübele über den Sinn des Lebens nach. Seit der letzten Station haben sich zwei Hobby-Musiker in den Waggon gepresst, die in ohrenbetäubender Lautstärke eine beeindruckend nervige Version von »Hit the road, Jack« zum Besten geben, um ahnungslosen Touristen, die dem Eindruck erliegen, auf dieser Fahrt gerade etwas von der hippen Kulturszene Berlins live miterleben zu können, das Geld aus der Tasche zu ziehen. Der Sinn des Lebens schwindet wie von selbst aus meinen Gedanken. Neben mir hält eine völlig überfordert wirkende Asiatin ihr schreiendes Kind im Arm, von der anderen Seite bellt ein Hund, dem der nach Schweiß und Gereiztheit riechende Menschenpulk wohl auch nicht ganz geheuer erscheint, und von hinten ruft ein Fahrgast, dass er jetzt Platz brauche, weil er an der nächsten Station mit seinem riesigen Rollkoffer aussteigen müsse.

Aber ich beherrsche mich.

Wenn ich immer alle auf die andere Seite holen würde, die mir unterwegs auf den Keks gehen, dann hätte Berlin keine U- oder S-, sondern nur noch eine Geisterbahn. Aber Tod kann auch Erlösung sein. Da würden mir in diesem Moment sicher nicht nur die Verheirateten, sondern alle 50 Insassen dieses »fahrenden Rummelplatzes« zustimmen. Wir halten am Görlitzer Bahnhof, die Türen öffnen sich mit einem Rumms und der Kampf Ein- gegen Aussteiger beginnt. Es wird geschoben, gemeckert, getreten, geflucht und gedrängelt. Zum Glück habe ich keine Fahrkarte gekauft, wenn ich für diese Plackerei auch noch Geld bezahlen müsste, würde ich mich ärgern wie ich fahre: schwarz.

Es wird auf einmal überraschend leer, die meisten Fahrgäste steigen aus. Ich vermute zunächst, dass diese Massenflucht an der jaulenden Performance der Straßenmusiker liegen könnte. Ein paar Sekunden später habe ich jedoch einen anderen Verdacht.

»Die Fahrkarten, bitte«, ertönt es, als sich die Türen wieder schließen. Na super, das hatte gerade noch gefehlt. Ein Kontrolleur in Zivilkleidung arbeitet sich mit einem Plastikausweis durch die Fahrgäste. Schließlich macht er auch vor mir halt.

»Ihr Ticket?«

»Hab keins.«

»Na, schön. Dann brauch ich einmal Ihren Personalausweis.«

»Hab ich auch nicht.«

Der Kontrolleur schüttelt verständnislos mit dem Kopf. Wozu brauch ich denn einen Pass? Man könnte meinen, ich sei im Gegensatz zu meinem Gegenüber an der Berufskleidung deutlich genug zu erkennen, aber in einer Stadt wie dieser hat man wohl aufgehört, seinen Augen zu trauen.

»Dann steigen wir jetzt erst mal aus«, erklärt mir der BVG-Mitarbeiter. Schadenfrohe Blicke der anderen Fahrgäste folgen uns, als wir an der nächsten Station den Waggon verlassen.

»Also keine Karte, keinen Ausweis, dann müssen wir wohl oder übel ... Sagen Sie mal, was haben Sie da eigentlich? Ist das ... ist das eine Sense?« Ich schaue erschrocken auf meine rechte Hand, als würde ich mein Arbeitsgerät zum ersten Mal erblicken.

»Ja, verdammt, Sie haben recht. Sieht ganz so aus.« Der Kontrolleur guckt mich entgeistert an.

»Sie sind doch nicht etwa der ...« Ich seufze.

»Doch, genau der.«

»Heilige Scheiße.« Ich nicke mitfühlend.

»Sie sagen es.« Unsicher blickt der Mann den Bahnsteig entlang. Abgesehen von ein paar Schülern, die am anderen Ende des Gleises laut Musik hören, sind wir allein.

»Hören Sie«, flüstert er mir unauffällig zu, »können wir die ganze Sache hier irgendwie vergessen?« Ich überlege kurz.

»Ja, das wäre mir auch ganz recht.«

Da stehen wir uns nun also gegenüber. Zwei tapfere Vertreter der unbeliebtesten Berufe dieser Welt. Die Zeit scheint still zu stehen, irgendwo tropft es in regelmäßigen Abständen von der Decke. Eine Taube gurrt. Keiner von uns beiden sagt mehr einen Ton, doch wir müssen auch nicht reden, denn wir sind Seelenverwandte. Von wenigen verstanden, von den meisten gefürchtet, bewältigen wir einsam unseren Job. Tropf. Tropf. Nie werden wir Beifall bekommen, nie ein Wort des Dankes, und doch stellen wir uns der Aufgabe, die uns einst auferlegt wurde. Gurr. Tropf. Außer heute, nur nicht jetzt. Denn auch wenn wir uns nicht sonderlich mögen, so schätzen wir die selbstlose Arbeit des anderen. Gefühlte Stunden blicken wir uns an. Bloß keine falsche Bewegung.

»Na dann«, sagt er schließlich als der nächste Zug einfährt.

»Na dann«, wiederhole ich monoton.

Wir nicken uns zum Abschied anerkennend zu und verschwinden beide in der Bahn. Einer vorne, einer hinten.

Wohlan, Bruder, an diesem Tage sind wir gerade noch einmal davon gekommen. Doch das nächste Mal, das wissen wir beide, werden wir einander nicht verschonen. Denn für Mitleid sind wir nicht gemacht. Wir, die Ungeliebten dieser Welt.

Hit the road, Jack, and don't you come back no more.

E-Mail-Verkehr mit dem Tod

Ein großes Hallo, Herr Tod,
ich bin Michael Specht, meines Zeichens Manager der weltweit gefeierten Band nEMOey. Wie Sie vielleicht aus Funk und Fernsehen mitbekommen haben, läuft es mit der Band in letzter Zeit nicht mehr ganz so optimal, und das wirkt sich natürlich vor allem auf mein Einkommen aus. Nun bin ich zufällig auf die sensationellen Album-Verkaufszahlen von Elvis und Michael Jackson nach deren Ableben gestoßen, und da ist mir doch glatt eine Idee gekommen. Interesse an einem Deal?
Beste Grüße,
Michael Specht

Hallo Herr Specht,
ob Sie es glauben oder nicht: Aber auch wir im Jenseits haben so etwas wie Geschmack. Was glauben Sie denn, warum Elvis und MJ weg sind, während Der Wendler und Bushido noch munter auf Ihrer Seite rumträllern? Wir sind nicht der Abfalleimer der Musikindustrie.
Mit besten Grüßen,
Der Tod (Qualitätsmanagement)

Sehr geehrter Herr Tod,
vielen Dank für Ihre Initiativbewerbung als Animateur auf einem unserer Kreuzfahrtschiffe. Mit großem Interesse haben wir Ihren – verzeihen Sie mir bitte den Ausdruck – Lebenslauf gelesen. Jedoch haben wir weder Bedarf an einem Flötisten, der – ich zitiere- »auch noch weiterspielt, wenn der Eisberg gerammt wurde«, noch benötigen wir einen Unterhaltungskünstler, der unsere Kapitäne zu »spannenden Küstenmanövern« animiert.

Auch der Verweis auf spätere TV- und Kinopräsenz konnte uns nicht völlig von der gewünschten Zusammenarbeit überzeugen. Wir bedauern daher, Ihnen eine Absage erteilen zu müssen, und verzichten schon aus Eigeninteresse auf ein persönliches Vorstellungsgespräch.

Sonja Fahnenscheidt,
Ship Entertainment Manager
P. S. Sollten Sie großes Interesse an einer Seereise haben, buchen wir ihnen gerne völlig kostenfrei eine Fahrt bei einem unserer Konkurrenzunternehmen.

Hey Tod,
bist Du auch zu buchen? An Weihnachten hat sich meine Schwiegermutter angekündigt.
Gruß,
Olli

Lieber Olli,
klar kann man mich buchen. Gestern war ich erst auf einem Junggesellenabschied. Habe gerade in meinem Terminkalender nachgeschaut,

und der Termin passt. Hätte sowieso wegen des brennenden Weih-
nachtsbaums bei Dir vorbeischauen müssen. Machen wir also alles in
einem Aufwasch.
Bis dahin alles Gute,
der Tod

Hallo Todi,
wie wär es mit einer Zusammenarbeit! Das Jenseits ist doch für
uns alle Neuland. *grins* Hab auch schon eine Idee für rasch
sinkende Arbeitslosenzahlen. Call me.
Beste Grüße,
Deine Angie M.

Du, Tod,
kann man von Deinem Job überhaupt leben?
LG,
Ute

Hallo Ute,
nee, kann man natürlich nicht. Aber das sehr gut.
Liebe Grüße zurück, der Tod

Himmlisch schief

»Die Sonne, die Sooonne, die So-ho-ho-ho-neeee.«
   »Seeehr gut, Tod, seeehr gut«, lobt mich Frau Kowalskow
mit ihrem unverkennbar stark russischen Akzent, »aber eine,

eine Ton wir schaffen noch. Und Stimme schön strahlen. Wie Sonne.«

Ich stöhne, aber wahrscheinlich ist das einfach nur die gerechte Strafe dafür, dass mich das Gerede von Freddy La Voice und seinem Hit-Gebrabbel doch nicht ganz so kalt gelassen hat, wie ich anfangs vermutet hatte. Na gut, probierst du es eben mal mit dem Singen, hab ich mir gedacht, als sich plötzlich diese unvorhergesehene Chance bot. Ein schmissiger Song vom Tod, das würde vielleicht auch die letzten Skeptiker von meinem neuen Image überzeugen. Und jetzt steh ich hier, bei einer Dame, die sich selbst Vocalcoach nennt, und muss Dinge tun, bei denen die meisten sogar ganz ohne Bestattung im Erdboden versinken würden.

»Die Sonne, die Soooo...« Ich breche ab.

»Sorry, Frau Kowalskow, ich kann das nicht. Ich glaub, Singen ist doch nicht so mein ...«

»Abeer, abeer, da ist großes Talent in deine Stimme. Du nur machst falsche Haltung.«

»Ja, das kann ja schon sein, aber vielleicht sollten wir jetzt wirklich den Weg ins Jenseits fortführen. Ich meine, Sie sind gerade erst gestorben, da sollten Sie nicht gleich ohne Pause weiterarbeiten. Wir haben noch einen weiten Weg vor uns ...«

»Aaach. Nix Pause. Erst Singen, dann diese Jenseits-Quatsch. Eins nach andere. Pass aaauf. Ich mit dir nun mache Meister-Übung.« Oh, eine Meister-Übung, das klingt natürlich schon interessant. Und wenn sie erst einmal auf der anderen Seite ist, dann bekomme ich wahrscheinlich nie mehr die Gelegenheit, meine potentielle Begabung zu erkennen. Ich nuschele meine Zustimmung und mache mich bereit für die große Erkenntnis.

»Eigentlich ich mache Meister-Übung noch nicht so früh mit Schüler, aber du bist Talent. Große Talent. Ich habe lange gelehrt in Moskau und Sankt Petersburg, und ich seh, du wirklich schon bereit für Meister-Übung. Keine Sonne, richtig Meister-Übung. Aaalso. Schließe Augen.«

Ich versuche mich zu konzentrieren.

»Seeehr gut. Und nun stell vor, du wärst ... du wärst ... Känguru.« Frau Kowalskow sagt das so beschwörend und geheimnisvoll, dass ich ein paar Sekunden brauche zu realisieren, was sie da eigentlich gerade gesagt hat.

»Äh ... was? Ich? Ein Känguru?«

»Da! Känguru. Mit Beutel. Und hinten eine Schwanz.«

Schon komisch, dass ich da nie von alleine drauf gekommen bin. Liegt eigentlich auf der Hand. Kämpfen wie ein Löwe, Fliegen wie ein Vogel und Singen wie ein Känguru. Da wächst zusammen, was zusammengehört. Allein diese Erkenntnis sind die 50 Euro wert, die mir meine russische Lehrerin für diese Stunde kurz nach ihrem Tod abgeknöpft hat.

»Und nun versuch, dich auf deine Schwanz zu setzten. Fallen looocker, wie auf Sofa bei Fernsehen.«

»Ich weiß ja wirklich nicht, wie Sie Fernsehen gucken, aber ...«

»Niicht reden! Mach.«

Ich kann es nicht fassen, aber ich komme der Aufforderung meiner Gesangslehrerin tatsächlich nach. Dieser osteuropäische Akzent hat auch irgendeinen dominanten Unterton, der jede aufkeimende Widerrede bereits im Ansatz zerquetscht. Gut, dass sich Frau Kowalskow der Musik verschrieben hatte. Diese Stimme hätte auch ganze Völker in die Schlacht schicken können, ohne dass es jemand selbst bei größter Aussichtslosigkeit gewagt hätte, ihre Entscheidung in irgendeiner Weise zu hinterfragen. Ich setze mich also auf meinen imaginären Känguruschwanz und warte, dass jemand mit versteckter Kamera aus dem Wandschrank springt und mich zu Tode blamiert.

»Guuut. Und nun denk bei Atmen an Blumenwiese. Groooße, schöne Blumenwiese.« Ich merke sofort, wie es in meiner Nasenhöhle beginnt zu jucken.

»Ähm, kann ich nicht auch ans Meer oder einen Strand ...«

»Njet. Blumenwiese.« Ruckartig fahre ich zusammen und niese so heftig, dass ich das Gleichgewicht auf meinem Känguruschwanz verliere und hilflos rudernd auf meinem Steißbein lande.

»Entschuldigung, Frau Kowalskow, entschuldigen Sie bitte, aber ich habe seit Jahren schrecklichen Heuschnupfen. Könnt ich nicht doch das Meer ...?«

Meine Gesangslehrerin legt ihre Stirn in die Hand, seufzt und schaut so geknickt zu Boden, als hätte ich ihr gerade mitgeteilt, dass Russinnen nicht in den Himmel kommen können. Ein paar Minuten verharrt sie in dieser Position der totalen Enttäuschung, bis ich schließlich einlenke – allein um die unangenehme Situation nicht länger ertragen zu müssen.

»Okay, okay, ich versuche es ja. Blumenwiese. Ist doch nix dabei. Ich mach's ja, ich mach's ja.« Höchst konzentriert versuche ich einzuatmen und dabei an alles Mögliche zu denken, bloß nicht an eine pollenverseuchte Blumenwiese. Zufrieden schaut mir meine Lehrerin zu.

»Ahh, geeht doch. Du brauchen Disziplin, Tod. Nur wenn du besiegen innere Schweinehund, du wirst große Sänger. Seeehr große Sänger.«

»Ja, das kann schon sein, Frau Kowalskow. Aber ich glaube, es hat schon einen Sinn, dass bisher noch nie jemand aus meiner Familie ein Konzert gegeben hat. Geschweige denn die Charts stürmen konnte. Vielleicht sollte ich mich als Tod wirklich auf meine Fähigkeiten be…«

»Scht. Jeder kann singen. Deutsche, Polen, Russen, und auch Tod kann singen. Du musst nur anstrengen.«

Und wahrscheinlich viele Jahre Geld in ihren Unterricht stecken. Hätte ich gewusst, dass das alles so ausarten würde, wäre ich doch lieber bei der Blockflöte geblieben oder hätte was Simples ausprobiert wie Geige spielen. Frau Kowalskow schaut aber so streng, dass ich für heute lieber klein beigebe. Ein Tod muss seine Grenzen kennen. Und dieser eisenharten Dame traue ich zu, psychologische Gemeinheiten parat zu haben, die in Guantanamo auf der verbotenen Liste stehen. Wie sollte ich als friedliebender Tod dagegen ankommen?

Nun, ich gebe offen zu, in dieser Stunde habe ich letztendlich nicht singen gelernt. Aber ich weiß nun, dass hinter jeder scheinbar banalen Sache eine Mordsarbeit steckt. Wenn ich jetzt auf youtube Videos von Justin Bieber sehe, dann denke ich inzwischen: Mensch, der singt nicht nur so, wie er lustig ist, der hat seine ganze Energie, seine ganze Seele und Kraft in diese eine lebensfüllende Aufgabe gesteckt. Und ich finde wirklich, und das sollten auch mal alle Nörgler und Neider respektvoll anerkennen, der Junge ist ein absolutes Spitzenklasse-Känguru.

1. I Will Always Love You	Whitney Houston
2. Time To Say Goodbye	Sarah Brightman & Andrea Bocelli
3. Geboren um zu leben	Unheilig
4. Ave Maria	Franz Schubert
5. My Way	Frank Sinatra
6. The Rose	Bette Midler
7. Tears In Heaven	Eric Clapton
8. Abschied ist ein scharfes Schwert	Roger Whittaker
9. So wie du warst	Unheilig
10. Tage wie diese	Die Toten Hosen

Quelle: Bestattungen.de – Umfrage 11/2012

Sport ist Mord

Nun habe ich mich schon extra unauffällig im toten Winkel zwischen Umkleidekabine und Getränkeautomat versteckt. Trotzdem erblickt mich dieser verflucht heiter aussehende Fitnesscoach sofort und flötet mir in seiner gewohnt übertriebenen Art entgegen: »Herr Sensenmann, schön Sie wiederzusehen. Was für eine Freude.« Sicher, ein Tod hört so eine Begrüßung nicht allzu häufig, deshalb habe ich mich auch vor gut einem Monat zu einem Zwei-Jahres-Vertrag überreden lassen. Das war bei meinen finanziellen Verhältnissen nicht gerade klug durchdacht, zudem musste ich inzwischen herausfinden, dass Sven – so heißt der Übeltäter offiziell – wirklich jeden Gast

hier so freundlich begrüßt. Selbst wenn es sich um den Brief-
träger handelt, der die nächsten Rechnungen bringt. Vielleicht
ist diese überdrehte Dauerfröhlichkeit aber auch nur eine Ne-
benwirkung der hier überall angepriesenen Fitness-Nahrungs-
ergänzungsprodukte, deren wahre Inhaltstoffe wohl sogar der
Hersteller direkt nach der wirren Nacht des Zusammenbrau-
ens bereits wieder vergessen hat. Auch ich habe mich mal eine
Woche so ernährt, weil Sven meinte, ein paar Muskeln auf
den Rippen würden mir als Tod durchaus gut stehen. Da hat
mich die Eitelkeit gepackt, und ich habe mir so eine Dose mit
Muscle Power Ultra Mix andrehen lassen. Nach sieben Tagen
dreimal täglich literweise Milchtrinken, dickflüssig angerührt
mit einigen Esslöffeln des erhaltenen Pulvergemischs, das von
Tag zu Tag mehr nach einem Cocktail aus Dschungelprü-
fung, Griesbrei und verbotenen Substanzen schmeckte, gab
ich schließlich auf und kam zu dem Entschluss, dass dieser
ganze Schönheitswahn doch spätestens beim Tod seine Grenzen haben sollte. Zum Training gehe ich trotzdem weiterhin,
denn neben meinem erbarmungslos weiterlaufenden Vertrag
treibt mich vor allem die Neugier in dieses Studio.

»Heute wieder auf den Stepper, dann an die Geräte zum
Muskelaufbau und am Ende Laufband«, gibt Sven munter den
Plan vor. Sport ist Mord, heißt es so schön, aber als Tod muss
ich sagen, Sport kommt bei diesem Vergleich noch viel zu gut
weg. Zumindest in dieser Form. Ja, natürlich, es ist Bewegung,
aber gegen die Wand laufen ist auch Bewegung, allerdings
würde niemand auf die Idee kommen, ein Gegen-die-Wand-
Renn-Studio aufzumachen, nur damit der Körper fit bleibt.
Wahrscheinlich genau deshalb, weil das den meisten keinen
Spaß machen würde. Nun schaue ich in die hochroten Ge-

sichter der stupide sich abstrampelnden Freizeit-Sportler, die sich hier in dieser Lagerhalle mit dem Charme eines Kik-Discounters einsam quälen, während draußen ein Wetter wie auf den Malediven herrscht, und ich frage mich ernsthaft, welcher dieser roboterartig auf der Stelle schuftenden Körper gerade kurz vor einer Explosion der guten Laune stehen könnte. Rein vom Gesichtsausdruck her zu schließen niemand. Da ich aber auch als Tod natürlich nicht unfehlbar bin, gehe ich schnurstracks zu einer der Foltermaschinen und spreche direkt eine junge Frau an, die gerade auf einem Metallstuhl sitzend ihre Schenkel gegen Gewichte presst, als würde sie für den nächsten Frauenarzttermin trainieren.

»Hallo, ich hätte da mal 'ne Frage.« Erschrocken zuckt die Angesprochene zusammen, die Gewichte knallen mit einem lauten Rumms zurück in die Halterung. »Vorsicht, meine Liebe, ich bin hier in meiner Freizeit und würde ungern nach Feierabend noch Dienst schieben müssen.«

»Boah, ha'm Se mich erschrocken«, schnauft das Mädel. »Was'n los? Wie laufen Sie überhaupt rum, da kriegt man ja Angst.« Ich blicke mich um. Hinter uns joggt ein recht korpulenter Mann mit knallenger Radlerhose und neongrünem Stirnband.

»Ich hab den Eindruck: Wenn wir hier nach modischen Fehlgriffen gehen, bin ich weiß Gott nicht der einzige Übeltäter.« Das Mädel folgt meinem Blick und lacht.

»Da ham' Se wohl recht. Was woll'n Se denn wissen?«

»Ich frag mich, was *du* hier machst?«

»Hä? Na, Bauch, Beine, Po.«

»Ne, ich meine, warum? Wieso sitzt du bei dem Wetter nicht draußen und genießt das Leben?«

»Ey, guck *dich* mal an. Genieß doch selber dein Leben. Ich tu halt was für meinen Körper.« Ich hebe beschwichtigend die Hände und mach mich lieber davon.

Schon des Öfteren habe ich mich gefragt, warum Menschen so unglaublich viel für ihren Körper tun wollen, aber so wenig für ihre Seele. Schließlich hole ich doch genau die und nur die später ab, der Rest zerfällt und bleibt zurück, egal wie beeindruckend trainiert er auch sein mag. Aber ich bin nur der Tod und habe von solchen Dingen recht wenig Ahnung. Und schließlich hat die junge Frau durchaus recht: Ich sollte mit gutem Beispiel vorangehen, weswegen ich spontan beschließe, mit dem heutigen Training einfach aufzuhören, bevor es überhaupt begonnen hat, um mir stattdessen die letzten Sonnenstrahlen auf die Kutte scheinen zu lassen.

Am Ausgang sehe ich noch, wie Sven einen Neuankömmling zu einem Schnupperkurs überredet. Das war auch bei mir der Anfang vom Ende. Vielleicht sollte ich als Tod ebenfalls Schnupperkurse einführen. »Schau mal ganz unverbindlich rein, und wenn du es im Jenseits wirklich ganz dolle schrecklich schlimm finden solltest, gehst du einfach wieder heim.« Was das allerdings für ein Aufwand wäre, der ganze Transport, dieses Hin und Her. Denn wenn ich über Menschen eines gelernt habe, dann, dass sie sich so gut wie nie entscheiden können. Nehme ich *den* Handyvertrag oder *den? Diese* Schuhe oder *jene?* Den Andreas oder den Jürgen? Am Ende nehmen sie dann meist beides und jammern trotzdem. Nein, das ist gewiss keine Lösung.

»Hey, wollen Sie uns schon wieder verlassen?«, bemerkt der Fitnesscoach trotz seines Gesprächs meine Flucht. Ich deute nur möglichst leidend auf meine Wirbelsäule.

»Rücken.«

»Jaja«, erahnt Sven den wahren Hintergrund meines Täuschungsmanövers, »ich würde wohl eher sagen *Sonne*!« Um einer Diskussion zu entgehen, die ich nur verlieren kann, beschleunige ich meine Schritte und winke zum Abschied.

»Denken Sie dran: Faul rumliegen können Sie auch noch, wenn Sie tot sind«, schallt es hinter mir her. Ph, von wegen. Schon wieder einer, der meinen Beruf völlig unterschätzt.

Du bist, was du arbeitest

»Und was machst du so?« Eine Frage, die in dieser Gesellschaft nach meinem Geschmack viel zu häufig gestellt wird und mich regelmäßig in Schwierigkeiten bringt. Eine ehrliche Antwort und – schwupps, stehe ich völlig ungewollt im Mittelpunkt. Besonders, wenn ich, wie gerade, in einem vollbesetzten Wagen der Mitfahrgelegenheit sitze und eigentlich nur unauffällig von A nach B möchte. Außer dem Flugzeug gibt es wohl kein Transportmittel, in dem Menschen so ängstlich und nervös auf meine Arbeit reagieren wie in einem Auto. Ich könnte lügen und irgendetwas Harmloses erfinden wie Germanistikstudent oder Auftragskiller, aber eigentlich habe ich keine Lust, Märchen zu erzählen. In meiner WG hat es ja auch geklappt. Und was sagt der Beruf eigentlich wirklich über eine Person aus?

Es gibt so einige, die leiten von einem Berufsbild Charakter, Einkommen, Vertrauenswürdigkeit, Bildungsgrad, Status, Intelligenzquotienten und sexuelle Vorlieben ab. Aber seien wir doch mal ehrlich: Das ist kompletter Schwachsinn. Es gibt Professoren mit niedrigem IQ, Balletttänzer, die auf Frauen stehen, Schauspielerinnen mit Job, Juristen ohne Arbeitsdiszi-plin, Manager mit Sozialengagement und eben auch einen sym-pathischen Tod. Man sollte immer offen sein, dass mehr unter einer Kutte stecken könnte, als man auf den ersten Blick an-nimmt. Trotzdem entschließe ich mich zu einer Halbwahrheit.

»Ähm, ich bin Bestatter.«

Alle beginnen sofort, auf mich einzureden. Vorbei ist die Ruhe. So viel zu dem Ziel, auf dieser Fahrt mal unauffällig zu bleiben. Die Mitfahrerin neben mir ist die Einzige, die ich in dem Durcheinander verstehe.

»Oh nein, wie schrecklich! Dann hast du ja dauernd mit dem Tod zu tun. Du Armer.« Ich schüttele den Schädel.

»Nee, nee, neee, um das gleich mal klarzustellen: Das ist ein verdammt netter Kerl.«

»Hä? Wer?«, kommt es von der anderen Seite.

»Na, der Tod.« Nun dreht sich auch der Fahrer um.

»Du kennst den Typen persönlich?«

»Jap. Er ist ein guter Freund von mir. Er kommt mich sogar öfter mal besuchen.«

»Was?«

»Echt jetzt?«

»Wie gruselig. Und der kommt dann einfach so zum Kuchen-essen?« Ich stöhne auf.

»Ach, wisst ihr? Eigentlich schaut er immer nur dann vorbei, wenn er den Eindruck hat, dass mir zu viele dämliche Fragen gestellt werden.«

Den Rest der dreistündigen Fahrt verbrachten wir zu meiner großen Freude erholsam schweigend. Wer hätte das gedacht bei einem Wagen, besetzt mit einer Soziologie-Studentin, ei-nem Kellner, einem Musicaldarsteller und einer Radiomoderatorin. Aber da sieht man wieder: Wir alle haben Talente, die unser Beruf nicht mal im Ansatz erahnen lässt.

Tod im Supermarkt

Ich wandere verträumt zwischen den Regalreihen entlang und kontrolliere aus reiner Gewohnheit das Verfallsdatum. Alles wird von mir unter die Lupe genommen: Fleisch, Joghurt, Mitarbeiter. Erst als mich die Angestellte, die gerade das Gemüse einräumt, fragt, ob sie mir helfen könne, weil ich sie die ganze Zeit so seltsam anstarren würde, erwache ich aus meinem Tagtraum. Entschuldigend hebe ich die Hand.

»Sorry, ich war in Gedanken. Alles gut.«

»Kein Problem, ich bin ja da, um zu helfen.« Da packt mich das schlechte Gewissen. »Ein guter Rat von mir: Verzichten sie abends öfter mal auf den Rotwein, Ihre Leberwerte sind etwas bedenklich.« Stirnrunzelnd unterbricht die Frau ihre Arbeit.

»Sind Sie Arzt?«

»Ich? Leider nein. Einfach nur ein guter Menschenkenner. Aber vertrauen Sie mir, ich war bisher recht treffsicher.«

Eine ältere Dame steht neben uns und sieht ängstlich auf meine Kutte und die Sense in meiner Hand.

»Hey, gucken Sie doch nicht so, als wäre ich ein Außerirdischer«, wende ich mich direkt an die grauhaarige Lady, »ich bin bloß ein stinknormaler Tod.« Das scheint die Frau mit dem Krückstock jedoch nicht wirklich zu überzeugen. Sie schaut noch immer wie ein Kaninchen vor der Schlange.

»Wissen Sie, Sie müssen das positiv sehen. Draußen ist es tierisch heiß, 30 Grad im Schatten, jeder schwitzt, jeder stöhnt.

Wer macht Sie kalt? Na?« Keine Reaktion. Spontan greife ich in die Kiste neben mir und halte einen Bund rotes Gemüse demonstrativ über ihren Kopf. »Gucken Sie doch mal! Soooo harmlos seh' n Radieschen von unten aus.« Die Dame schaut unsicher auf die Radieschen, dann wieder zu mir und schüttelt schließlich bestimmt den Kopf.

»Sie sind ja vielleicht ein komischer Vogel.« Zu fürchten scheint sie sich nun nicht mehr, denn ich werde respektlos mit dem Gehstock beiseitegeschoben.

»Ist auch alles ganz biologisch«, rufe ich ihr hinterher, »ich bin nämlich eher so ein natürlicher Tod.« Zum Abschied hebt die ältere Frau, ohne sich umzudrehen, den Mittelfinger nach oben.

»Aha, ein Menschenkenner«, bemerkt die Supermarktmit-arbeiterin süffisant hinter mir. Ich drehe mich um und wedele mit den Radieschen vor ihrer Nase herum. »Buuuuuh!« Die Angestellte grinst. »Sagen Sie, rein interessehalber: Was kauft der Tod denn eigentlich so ein, wenn er bei uns ist?« Ich schaue verunsichert in meinen Einkaufswagen.

»Ach, nix Besonderes, alles Mögliche halt. Eisentabletten, Zahncreme, Vanilleeis, Waschmittel für dunkle Wäsche, Milch, ... ach, übrigens, ich finde es nicht in Ordnung, dass die Voll-milch immer länger haltbar wird.«

»Warum das denn?«

»Wissen Sie, alles hat ein Ende, das sollte man auch einfach mal akzeptieren und nicht immer weiter versuchen, den Al-terungsprozess durch irgendwelche unnatürlichen Verarbei-tungsmethoden hinauszuzögern. Da lob ich mir das Toast-brot: Das schimmelt oft schneller, als ich es aufessen kann. Vernünftige Einstellung, wenn Sie mich fragen. Da weiß jemand, wo Schluss ist. Die Menschheit sollte sich das Toastbrot zum Vorbild nehmen.«

»Oh, das tun unbewusst bereits mehr Menschen, als Sie glauben. Na, schau einer an: Der Tod kauft Whiskas. Haben Sie eine Katze, oder essen sie das selber?«

»Na hören Sie mal, ich bin doch nicht verrückt! Ich habe natürlich eine Katze zu Hause.« Auf einmal fiepst es unter meiner Kutte.

»Ich bin gar nicht zu Hause. Ich bin *hier*.« Ich schlage mir fassungslos mit der Hand gegen die Stirn.

»Och nö, Mautzi, hast du dich wieder heimlich unter meine Kutte geschlichen?«

Mit großen Augen schaut die Supermarktmitarbeiterin auf Mautzi, die kess aus dem Ärmel meiner Kutte hervorlugt. Ich versuche, Schlimmeres zu vermeiden.

»Das ist mir jetzt verdammt unangenehm. Ich weiß, ich weiß: Katzen darf man hier eigentlich nicht mit rein nehmen, aber ich wusste nicht, dass sie hier ist. Wirklich.«

So ganz scheint man mir nicht zu glauben.

»Und Sie bezeichnen sich ernsthaft als *ganz normalen Tod*?«

Mautzi kichert frech, nähert sich der Angestellten und flüstert: »Kchkch, das ist relativ. Mal unter uns von Tier zu Mensch: Ich glaub ja, der Typ hat voll einen an der Waffel.«

»Mautzi«, ermahne ich mein freches Haustier, »ich hör jedes Wort, was du sagst. Ich spreche es nämlich zufällig selbst.« Meine Katze schüttelt abwertend den Kopf und wendet sich dann wieder an die ein wenig überfordert wirkende Mitarbeiterin.

»Sie verstehen jetzt, was ich meine, oder? Voll einen an der Waffel.«

»Oje, ich dachte ja schon, das Leben ist verrückt, aber Sie ...
Zumindest werde ich den Tod in Zukunft nicht mehr vergessen.«

»Das ist toll, da halten Sie es besser als die meisten«, verabschiede ich mich, bevor Mautzi noch mehr Blödsinn anstellen
kann, »und denken Sie auch an den Rotwein, sonst werden wir
dieses Gespräch bald fortsetzten müssen.«

Laut mit meiner ungehorsamen Katze schimpfend, schiebe
ich den Einkaufswagen Richtung Kasse. Dort stehen wir natürlich mal wieder ausgerechnet hinter der einen Oma, die gefühlte drei Leben braucht, um ganz genau 7 Euro und 68 Cent
aus ihrem Portemonnaie zu fingern. Selten wird einem Tod
die Tragödie der Überalterung der Gesellschaft so bewusst vor
Augen geführt wie in der Schlange eines Supermarkts.

»Lassen Sie sich ruhig Zeit«, ruft Mautzi nach vorne, »im
Gegensatz zu Ihnen haben wir nämlich noch genug davon.«

Am Mittelfinger erkenne ich, dass es sich bei der älteren Frau
um die Dame handelt, die ich vorhin schon mit den Radieschen versucht habe zu beeindrucken.

»Tut mir leid«, entschuldige ich mich für mein Haustier,
»meine Katze ist manchmal etwas vorlaut.«

»Mein Hund auch«, antwortet die Oma nur, bewegt ihren
Mittelfinger und ruft: »Wuff, wuff.«

»Wie durchgeknallt«, sage ich leise zu Mautzi, die mir nickend zustimmend. Schließlich sind wir an der Reihe.

»Haben Sie eine Deutschland-Card? Sammeln Sie Punkte? Wollen Sie Geld abheben? Mit dem Handy bezahlen? Ra-
batt-Aktion? Treueherzen? Gewinnspiel?« Da sind sie also wieder, die vielen Möglichkeiten, die einem angeblich das Leben
bietet.

Wahnsinn.

Als die Kassenkraft mein Päckchen Zigaretten sieht, schaut sie mich an und verlangt nach meinem Ausweis. Ich fühle mich ein wenig geschmeichelt, allerdings auch ertappt, denn ich besitze so ein Ding immer noch nicht. Als Tod ist man einfach sehr selten auf so etwas angewiesen. Zumindest kann ich mich nicht erinnern, dass bei meinen Hausbesuchen mal irgendjemand gefragt hätte, ob ich mich denn überhaupt entsprechend ausweisen könne. So weit kommt es noch.

»Dann kann ich Ihnen die Zigaretten leider nicht verkaufen. Tut mir leid. Aber wahrscheinlich auch besser so, rauchen kann tödlich sein, wissen Sie?«

Mir mein Nikotin verweigern auch, denke ich schmollend, sage aber nichts. Draußen steht natürlich ausgerechnet die Radieschen-Oma mit ihrem Stinkefinger-Hund und raucht genüsslich ein Lungenbrötchen.

»Die blöde Sucht bringt Sie noch um«, sage ich neidisch im Vorbeigehen. Die Dame hebt grüßend ihren Krückstock.

»Soll sie doch. Wenn Sie wirklich der Tod sind, dann fürchte ich mich mehr vor meinem Hamster als vorm Sterben.«

Na also, denke ich zufrieden. Es wird anscheinend immer leichter, die Angst vor dem Tod zu verlieren. Jetzt muss ich nur noch irgendwie am Erhalt meiner Würde arbeiten.

Die Zahnbürste des Obelix

Geht man auf der einen Seite des gläsernen Hauptbahnhofes über den Washingtonplatz der Spree entgegen, dann sieht man das protzige Kanzleramt, erkennt die leuchtende Kuppel des Reichstags und fühlt den direkten Herzschlag des historisch wie politisch so bedeutenden Berlins. Touristenmassen strömen über die Brücken, ihre Kameras auf Anschlag, in der Hoffnung, ein paar Bilder von der deutschen Hauptstadt zu machen und zurückgelassene Freunde und Bekannte nach der Heimkehr mit dem an Wahrzeichen überfrachteten Panorama zu beeindrucken.

Verlässt man den modernen Hauptbahnhof dagegen auf der anderen Seite, so findet man eine weitaus ehrlichere und von Touristen und Politikern zum Großteil verschonte Umgebung. Busse fahren über eine mehrspurige, immer verstopfte Straße mit einer Ampelschaltung, die weder Sinn macht noch nach irgendeinem erkennbaren Muster verfährt, Baustellen und Kräne sprießen wie Unkraut aus dem Boden, und der Stadtteil Moabit, vor allem bekannt durch seine riesige Strafanstalt und deren Bewohner, kündigt sich im Nordwesten an.

Meine Begleiter fühlen sich eindeutig mehr auf dieser Seite daheim, ihre Haare sind struppig und fettig, ihre Kleidung zerlumpt, und sie ziehen ihren Körpergeruch gut und gerne noch zehn Meter hinter sich her. Dennoch empfinde ich ihre Anwesenheit als eine Ehre, denn es handelt sich bei den zwei Männern um niemand Geringere als Asterix und Obelix, die zwei berühmten Comic-Helden. Zumindest haben sie sich unter diesen Namen vorgestellt und ganz ehrlich: Wie groß wäre die Wahrscheinlichkeit, dass genau diese beiden seltenen Namen in exakt derselben Kombination noch einmal zufällig auftauchen? Eben, es gibt gar keinen Zweifel, sie müssen es sein.

Meine neuen Freunde scheinen jedoch einige harte Abenteuer überstanden zu haben, denn sie sehen nicht nur ziemlich heruntergekommen aus, nein, ich musste sie auch gerade am

Bahnhof vor einer Jugendgang retten, die aus reiner Freude an Gewalt die zwei Kumpels zusammenschlagen wollte. Die legendären übermenschlichen Kräfte der Gallier scheinen auch nicht mehr das zu sein, was sie einmal waren. Vielleicht sind sie aber nur den harten Berliner Winter einfach nicht gewöhnt.

»Dis's echt knorke von dir, die meist'n guck'n weg, wenn dis passiert.«

»Die warn gans schön beeintrukt fon deim Ding da«, lacht Obelix und deutet auf meine Sense. Wildschwein gab es für ihn wohl schon lange nicht mehr, denn er ist bei weitem nicht so dick wie in den Zeichnungen, die ich in Erinnerung habe. Ich hebe triumphierend mein Markenzeichen in die Höhe.

»Ja, gut, dass ich sie immer dabei habe.«

»Dafür lad'n wa dich uff 'ne Suppe een, wa Obelix?«

»Yoh, das machn wa.«

»Kommste mit?«

Ich habe eigentlich gar keinen Hunger, käme mir aber unhöflich vor, diese Geste des Dankes abzulehnen. Und vielleicht meinen sie mit ihrer Suppe ja sogar den sagenumwobenen Zaubertrank, und den würde ich schon mal gerne kosten wollen. Ob die beiden Helden auch in einer WG wohnen? Gemeinsam laufen wir die angrenzende Straße durch die dunklen Reste von Schneemassen Richtung Norden und stehen nicht mal fünf Minuten später vor dem blauen Eingangsschild der Bahnhofsmission.

»Da hinten jeht's zur Unterkunft«, weist uns Asterix wie in den unzähligen Comic-Abenteuern sofort den richtigen Weg. Ich habe schon oft von solchen Einrichtungen gehört, die über die kalten Monate im Jahr Schlafplätze und eine warme Mahlzeit für die Bedürftigen zur Verfügung stellen, aber diese hatte ich noch nie betreten. In meiner Anwesenheit haben Mitarbeiter solcher Organisationen schon des Öfteren im letzten Moment Obdachlose von der Straße mitgenommen, die ich dann tatenlos, aber auch immer ein wenig erleichtert, ziehen lassen konnte.

Wir gehen rechts am Hauptgebäude vorbei bis zu einer Treppe, die in ein Kellergeschoss führt. Ein großes »Herzlich willkommen« prangt in drei Sprachen auf einem Schild darüber. Obwohl laut meinen Gastgebern offiziell erst um 7 Einlass ist, haben sich bereits einige wartende Gestalten vor dem Eingang versammelt. Meine prominenten Begleiter werden sofort erkannt, viele begrüßen sie mit ihren außergewöhnlichen Namen. Fast allen hier ist das harte Leben auf der Straße anzusehen. In fleckiger und zerrissener Kleidung mit zerlaufenen Schuhen und hängenden Schultern stehen sie in kleinen Gruppen auf dem Grundstück verteilt und warten ungeduldig, dass sich die Tür öffnet. Einige unterhalten sich laut lachend, Zahnlücken und dunkel verfärbte Stummel blitzen hier und da hervor, können aber nicht die gute Laune trüben, die die Aussicht auf eine warme Mahlzeit zu geben vermag.

»Hast du Alkohol dabei?«, fragt neben mir eine Stimme. Ich drehe mich um und blicke in ein erstaunlich rundes Gesicht mit ziemlich wachen Augen. Ich überlege kurz, ob nun der Zeitpunkt gekommen wäre, die Notreserve in meinem Flachmann zu teilen, erkenne dann aber auf dem Schild an der Jacke des Mannes die Aufschrift »Security – ehrenamtlicher Mitarbeiter«.

»Keine Angst, ich nehm dir nix weg. Ich bin Michael«, sagt der Aufpasser und reicht mir die Hand. »Ich hab hier ein Auge darauf, dass während der Wartezeiten keine Drogen oder

Alkohol konsumiert werden. Also wenn du was dabei hast«, fährt Michael fort »dann bitte nicht auf dem Gelände. Das gibt Hausverbot.«

»Okay, weiß ich Bescheid. Ich bin übrigens der Tod. Ich bin mit Asterix und Obelix hier.« Mir fällt selbst beim Sprechen auf, wie merkwürdig das klingt. Den Sicherheitsmann scheint weder meine Vorstellung noch die meiner beiden Begleiter zu irritieren.

»Namen sind hier wie Schall und Rauch«, erklärt er, als ich ihn darauf anspreche. »An einem Ort wie diesem darf jeder sein, wer er möchte. Die meisten, die hierherkommen, haben im Leben keine Wahl, und wir haben beschlossen, dass wir ihnen wenigstens die Namen lassen. Du willst der Tod sein? Dann sei der Tod. Da hinten steht Mick Jagger« Dabei deutet er auf eine Gestalt bei der Straßenlaterne, die dem Sänger der Rolling Stones tatsächlich ein wenig ähnelt. Achtsam lässt Michael seine Augen über den Platz streifen. »Wir lehnen hier niemanden ab, und wir stellen auch keine Fragen. Das ist unser Grundsatz. Eigentlich gibt es nur 60 Schlafplätze, aber in den kalten Winternächten, da übernachten hier manchmal bis zu 200 Menschen. Genau genommen kann man das nicht verantworten, diese Enge, der Gestank, zusammengepfercht wie die Tiere. Aber wir können doch bei minus 20 Grad niemanden wieder wegschicken. Das können wir doch nicht, oder?«

Ich kann Michael darauf keine Antwort geben und weiß auch, dass er keine von mir erwartet, aber ich muss sofort an die andere prunkvolle Seite des Hauptbahnhofs denken. An riesige Gebäude wie das in seiner Größe völlig überflüssige Kanzleramt, in dem Tausende von ständig geheizten Quadratmetern über Nacht leer stehen und von Polizei, Kameras und Sicherheitsdiensten streng bewacht werden, als wäre es ein besonders schützenswertes Privileg der Macht, möglichst viel Platz ungenutzt verschwenden zu dürfen.

Michael zuckt mit den Schultern und eilt einem lautstarken Streit zwischen zwei, allen Alkoholverboten zum Trotz, offensichtlich Betrunkenen entgegen. Der Platz vor der Treppe hat sich inzwischen weiter mit Neuankömmlingen gefüllt, die immer zahlreicher auf das Gelände der Bahnhofsmission strömen.

»Jetzt jeht's gleich los«, warnt mich Asterix und schiebt mich zur Treppe auf eine bessere Position. Er und Obelix haben einen Platz in der ersten Reihe ergattert und beide machen sich bereit, als ginge es in wenigen Sekunden darum, auf eine Legion frischer Römer loszustürmen. Nach weiteren fünf Minuten des angespannten Wartens öffnet sich schließlich die Tür, und der Einlass beginnt. Entgegen aller Erwartungen zurückhaltend und geordnet, was vielleicht an der blonden Schönheit liegt, die am Eingang jeden einzelnen begrüßt und viele im Vorbeigehen erröten lässt.

»Hey Asterix, hallo Obelix, schön, dass ihr wieder da seid. Wen habt ihr denn da mitgebracht?«

»Hallo Sarah, der Neue heeßt Tod. Stimmt doch, oder?« Ich nicke verlegen.

»Ah, hallo, Tod. Herzlich willkommen. Brauchst du einen Schlafplatz?« Ich schüttele den Kopf. »Ärztliche Behandlung?« Erneut verneine ich.

»Ick gloob, der Jute will nur 'ne Suppe. Dit jeht auf uns«, stellt Asterix augenzwinkernd klar.

»Okay, kein Problem, Tod, hereinspaziert. Ich stell dir eine Zahnbürste ins Regal.« Drinnen frage ich Obelix verwundert:

»Eine Zahnbürste?« Seine Augen beginnen zu leuchten, als hätte ich ihn nach Hinkelsteinen gefragt.

»Ya, guht, was? Bai deina schtet dan ›Der Tod‹ drauw. Jeda Noihe bekomt so aine. Egahl, wi du heist, egahl wan du widakomst, si schtet da und watet auff disch.«

Durch Obelix' Freude wird mir bewusst, dass es den Mitarbeitern dieser Einrichtung dabei wahrscheinlich nicht allein um die Zahnpflege geht, sondern vielmehr darum, für die fünf Monate im Jahr, in denen sie ihre Türen öffnen, den Heimatlosen dieser Stadt ein kleines Stück Zuhause zu geben. Manchmal reichen kleine Dinge, um Großes zu bewirken.

Drinnen lehne ich erst mal meine Sense an die Wand und lasse mich auf eine der aufgestellten Bierbänke nieder. Wir sind tatsächlich die Ersten, und man mag kaum glauben, dass hier in wenigen Minuten eine ganze Horde hungriger Vagabunden den Laden zum Platzen bringen wird. Die Wände im Essenssaal sind gelb und zartrosafarben gestrichen, aus der offenen Küche duftet es nach frisch zubereiteter Kartoffelsuppe, und einige Mitarbeiter lächeln mir freudig entgegen. Asterix stellt mich kurz den anderen vor, während sich Obelix, in dieser Beziehung scheinbar ganz der Alte, um das Essen kümmert. Mehr und mehr Leute dringen herein, Mick Jagger, Uwe, Ranzi, Violetta, Onkel Tom, Franka und viele Namen, die ich mir gar nicht alle merken kann. Die Mahlzeit und die Wärme hier unten scheinen auch die Gemüter auftauen zu lassen, denn es wird geschnattert und erzählt, über die Tische hinweg gerufen, mit Erlebnissen geprahlt und gemeinsam gelitten. Das ist es also, kommt es mir ehrfürchtig in den Sinn, das große Fest am Ende eines jeden Abenteuers. Und ich, der Tod, bin mit dabei, als würde ich dazu gehören. Dankbar für diesen Moment bleibe ich noch eine Weile, genieße die Atmosphäre und verabschiede mich erst, als die Ersten den Weg zum Bett antreten.

Benommen von den ganzen neuen Eindrücken, wandere ich mitten in der Nacht zurück Richtung Hauptbahnhof und träume von einer sonderbar harmonischen Welt, in der der Tod einfach nur einer unter vielen ist, in der Asterix, Obelix, Mick Jagger und all die anderen Gallier wie selbstverständlich in den vielen leerstehenden Räumen des Kanzleramtes eine große Party feiern und alle Menschen eine eigene Zahnbürste haben.

Mit ihrem ganz eigenen Namen darauf.

Kommt Zeit, kommt Tod

»Keine Luft«, scheint er zu röcheln. Immer wieder »keine Luft«. Doch ich darf kein Mitleid zeigen, denn ich bin nun mal der Tod und der nächste Termin wartet bereits. Bedauernd tätschle ich den platten Hinterreifen und schwinge mich auf mein Rad. Zum Aufpumpen fehlt mir mal wieder jegliche Zeit. Selbst ein Tod auf Rädern muss manchmal auf verbogenen Felgen ankommen. Wider Willen, denn eigentlich liebe ich meinen Drahtesel, es gibt in der Stadt kein besseres Fortbewegungsmittel für mich. Die Kutte flattert luftig im Wind, die Reifen pfeifen aus dem letzten Loch, und wenn ich nur leicht mit der Sense winke, habe ich an jeder Kreuzung Vorfahrt. Die meisten Menschen wünschen sich zwar einen schnellen Tod, aber ich halte nichts davon, mit einem Höllentempo durch das Leben zu brettern und einer Deadline nach der anderen hinterherzuhecheln. Gerade auf dem Fahrrad bevorzuge ich, wann immer es mir möglich ist, die gemütliche Gangart. Denn ich werde nicht ewig Tod sein. Das klingt jetzt zwar nach Auferstehung oder Wiedergeburt, ist eigentlich aber nur ein Beleg dafür, dass nichts auf dieser Welt für immer sein wird. Nicht einmal für mich. Und wenn man sich dessen schon bewusst ist, dann weiß man auch, dass es nichts bringt, bereits jetzt so zu tun, als wäre der Teufel hinter einem her. In der Ruhe liegt die Kraft. Langsam kommt man auch ans Ziel. Kommt Zeit, kommt Tod. Und so oft es geht: mit Rad.

Aus dem Freundschaftsbuch des Todes

Dieses Buch gehört: Mir, dem Tod
Hobbys: Blockflöte, Fahrrad fahren, Listen anfertigen, Menschen beobachten, Karaoke, Begegnungen
Was ich mag: Katzen, Vanille, lachen, Gesellschaftsspiele, Kaffee
Was ich nicht mag: Vorurteile, Auferstehung, schlechte Laune, allein sein
Was ich meinen Freunden sagen möchte: Schön, dass der Tod Freunde hat.

Freunde

Ich heiße: Lucifa
Beruf: Ausbildung zur Restaurantkauffrau in Teufels Küche
Meine Hobbys: Mode, Glücksspiele, Verreisen, Kochen
Was ich nicht mag:
- Wenn Leute nicht in die Hufe kommen
- Filme, in denen Tieren etwas zuleide getan wird

- Unwissende, die meine Heimat allein vom Hörensagen verteufeln

Ich mag dich als Freund, weil: du stets ein Ende findest. Und mich öfter mal zum Kaffee einlädst. Und du eigentlich objektiv betrachtet echt okay bist. Aber bilde dir da bloß nix drauf ein.

Mein Lebensmotto: Ist das nicht etwas paradox, dass gerade du mich nach meinem Lebensmotto fragst?

Mein Lieblingsessen: flambierte Jungfrau mit ordentlich Zaziki. Und hör mit diesem Vanille-Mist auf! Nur Apfelringe bringen dich weiter und steigern dein Ansehen in der Clique.

Meine Lieblingsmusik: Highway to Hell, Knockin' on Heaven's Door

Was ich dir unbedingt noch sagen will: Sense ist out, der moderne Bösewicht trägt Dreizack. Ha!

Ich heiße: Erna Trochowski

Beruf: offiziell: Frührentnerin; inoffiziell: liegende Angestellte der Tod GmbH

Meine Hobbys: spielen, schummeln, ausschlafen

Was ich mag: Heinz, der mir das Gefühl gibt, dass es völlig egal ist, wann wir sterben, so lang wir uns einfach nur entschließen, zufrieden zu sein.

Was ich nicht mag: Hunger, auf Hilfe angewiesen sein, Humorlosigkeit

Mein Lieblingsessen: Schwarzwälder Kirschtorte (auch wenn ich davon immer Probleme mit der Verdauung bekomme, aber im Gegensatz zu Heinz bin ich der Meinung: das ist es wert!)

Ich mag dich als Freund, weil: du so viel Lebensfreude ausstrahlst.

Mein Lebensmotto: Hihi, selbstverständlich: Ich scheiße auf den Tod!

Was ich dir unbedingt noch sagen will: Schöne Grüße von Heinz. Wir freuen uns auf die nächste Runde Tabu!

Ich heiße: Mautzi

Gattung: Kamikatze

Beruf: Beste Freundin vom kleinen Tod

Meine Hobbys: quatschen, klugscheißen, nörgeln, frech sein

Ich mag dich als Freund, weil: du nie von meiner Seite weichst

Was ich nicht mag: Schlaumeier, die meinen, sie wüssten, wie eine »richtige« Katze aussieht

Mein Lieblingsessen: Das verrate ich lieber nicht. Eine lebhafte Diskussion oder ein kleiner Streich machen manchmal aber auch satt!

Mein Lebensmotto: 1) Freunde halten dich am Leben. 2) Ein Nilpferd sieht auch nicht aus wie ein Pferd.

Was ich dir unbedingt noch sagen will: Ich bräuchte mal ein wenig Zeit für mich alleine. Immer nur mit dem Tod chillen ... das macht doch depri.

Ich heiße: Morathi aka Svenja

Beruf: Studentin der vergleichenden Religionswissenschaften

Meine Hobbys: Rollenspiele, Black Metal, Piercings, Online-Poker

Ich mag dich als Freund, weil: du weißt, wie das ist, wenn dich Leute komisch anschauen und beurteilen, ohne wirklich zu wissen, wer du bist; außerdem mag ich deinen Klamottengeschmack.

Mein Lebensmotto: Oloth plynn dos! (Wenn's dich wirklich interessiert, google dir doch die Übersetzung.)

Was ich nicht mag: Hochzeiten, Spießer, Sonne, Trolle

Was ich dir unbedingt noch sagen will: Auch wenn ich es manchmal nicht so zeige, sollst du wissen: Ich bin echt froh, dass du bei uns wohnst. Thomas trinkt weniger, Yvonne ist richtig umgänglich geworden, und seit du persönlich mit dem Vermieter gesprochen hast, will er sogar das Bad sanieren. Manchen Menschen tut der Tod einfach gut.

Ich heiße: Paul

Beruf: Schüler

Meine Hobbys: Schauspielerei, Filme schauen und drehen, Gewinnspiele

Ich mag dich als Freund, weil: du mir geholfen hast, im Filmgeschäft klar zu kommen

Mein Lebensmotto: Lebe nicht deinen Traum, sondern träume dein Leben.

Was ich mag: das Foto mit dir, Heidrun und Doktor Mösenstein vorm Dixie-Klo von Til Schweiger.

Was ich nicht mag: Alle, die immer nur kritisieren und sich nicht mehr freuen können.

Was ich dir unbedingt noch sagen will: Ich spiele jetzt in einer Band. Wohow. Wir haben nächste Woche unseren ersten Auftritt. Gibt zwar kein Geld, aber jede Menge gute Kontakte und Öffentlichkeit, sagt zumindest unser Manager Freddy La Voice. Komm doch vorbei. Karten kosten nur 25 Euro.

Ich heiße: Jesus

Beruf: Sohn Gottes

Meine Hobbys: rumhängen, teilen, Wasserski

Ich mag dich als Freund, weil: unsere beiden Familien schon so viel miteinander durchgemacht haben.

Mein Lebensmotto: Jeder hat eine dritte Chance verdient.

Was ich mag: unerwartete Comebacks (verstehst du den Wink mit dem Zaunenpfahl? Na? Verstehst du? Und?)

Was ich nicht mag: Karfreitag, petzen, auf Antwort warten

Was ich dir unbedingt noch sagen will: Ja, ich weiß, es ist nicht in Ordnung, dass ich dein Freundschaftsbuch geklaut habe, bloß um mit dir in Kontakt zu bleiben. Aber du meldest dich ja nie. Und sorry noch mal wegen dieser Wiederauferstehungs-Geschichte. Blöder Scherz, ich weiß. Sag das bitte auch deinem Gevatter. Ich hoffe ich bin jetzt nicht auch noch für euch gestorben.

Ich heiße: Obelix

Beruf: Du sagst dauandt Abenteura, ich fint, das klingt guht

Ich mag dich als Freund, weil: du uns im winter imer besuchn komst. Deine Kuchn sint die bästn.

Mein Lebensmotto: Die spinen, die Berliner!

Was ich mag: Mau-Mau, Sarah, Freunde

Was ich nicht mag: krank sein, Winter, wen die leute ein nisch anschaun

Was ich dir unbedingt noch sagen will: wir habn uns ser üba das Kartnspil gefreut. Kom balt wida. Gibd auch Supe.

Ich heiße: Charon

Beruf: Angestellter der Familie Tod, zeitweise Personalleiter der GmbH, inzwischen wieder Fahrer zwischen den Welten

Was ich mag: starken Seegang, Philosophieren, Loyalität und Treue, den Schatten am Horizont

Was ich nicht mag: Tunnel, Unsterblichkeit, Haarausfall

Ich mag dich als Freund, weil: ich dich seit klein auf kenne und du mir mit deiner ungewöhnlichen Art ans Herz gewachsen bist

Mein Lebensmotto: Am Ende ist alles gut. Und wenn es nicht gut ist, sei gewiss, dann ist es auch nicht das Ende.

Was ich dir unbedingt noch sagen will: Wir alle tragen auf unseren Reisen einen Rucksack voller Geschichten mit uns herum. Unser Leben. Du musst den Inhalt der anderen nicht kennen, es reicht schon, wenn du dir bewusst machst, dass ausnahmslos jeder so einen Rucksack besitzt. Und alle sind sie einzigartig und nicht ein Gepäckstück klein genug, dass man vor seinem Gewicht die Achtung verlieren sollte. Allein dieser Gedanke wird dir den Respekt, die Neugier und das Verständnis für deine Umwelt bewahren. Und irgendwann, da bin ich mir sicher, werden dir die Menschen diese Tugenden ebenso entgegenbringen.

Aus dem Fotoalbum des Todes 3

Beim Schwarzfahren

Ständig werd ich am Flughafen komisch
angeguckt ... blöder rosa Koffer.

Immer hinten einsteigen, sonst gibt's ein Riesengeschrei

Tod am Kanzleramt

Beim Einkaufen

Ohne Helm – das macht die Frisur immer kaputt.

Einfach mal die Seele baumeln
lassen (egal wessen)

Meine Zahnbürste

Epilog

Ich stehe in der Klinik und schaue nun schon seit einer halben Stunde durch das große Glasfenster. An Schläuche und Atemgerät gebunden, liegt sie auf ihrem Bett. Vor drei Wochen wurde der Lungenkrebs diagnostiziert, dann ging alles verdammt schnell. Ich gebe mir selbst einen Ruck und betrete das Zimmer. Drinnen hört man ohne Unterlass ein Piepsen und Röcheln. Es fällt mir schwer, dabei sollte es das nicht. Ich schaue in Heide Friedrichs' Gesicht und muss an Charons Worte denken. »Die meisten sehnen sich nach dem ewigen Leben, weil man tief in seinem Innersten immer das begehrt, was man nie bekommen kann, sogar wenn es in der Realität zum reinsten Grauen mutiert.« Hat er mich damit gemeint? Habe ich zu lang gewartet? Führt es zwangsläufig zu einem Unglück, wenn der Sensenmann Mitgefühl zeigt und die Grenzen des Lebens verschiebt?

Schließlich gehe ich zu meiner alten Freundin ins Zimmer. Wie von allein streichen meine Finger über ihre Wange. Das Piepen wird hektischer. Eine Krankenschwester kommt in den Raum gerannt, schaut auf die Geräte und verlässt panisch rufend den Raum. Nur ein paar Sekunden später kommen Ärzte und Helfer herbeigeeilt und schieben hektisch das Bett mit Heides Körper in ein anderes Zimmer. Ich bleibe zurück, krame die kleinen, mitgebrachten Handboxen aus meiner Tasche und schließe meinen MP3-Player an die Lautsprecher an. Als die ersten Töne von Strauss' Opus »Freut euch des Lebens« erklingen, fühle ich ihren Blick auf mir ruhen. Wie von Geisterhand steht sie in der Ecke des Raumes und lächelt mich an. Wortlos umarme ich sie zur Begrüßung, und wir beginnen uns im Takt zu wiegen. Alles hat seinen Anfang, und alles hat sein Ende, denke ich, während wir über den Boden fliegen. Ein letzter Walzer, so wie sie es sich immer gewünscht hat. Vor, zwei, drei, zurück, zwei, drei. Nun hat der elende Tanzkurs doch noch seinen Sinn gehabt. Als Heide mittendrin anfängt zu lachen, weiß ich, dass sie es immer gewusst hat, dass sie mir diese Vertretergeschichte nie wirklich abgenommen hat, dass sie es eher genossen hat, mir so oft ein Schnippchen schlagen zu können. Aber ich bin ihr nicht böse, viel mehr erleichtert, in ihrem Gesicht keinen Vorwurf erkennen zu können. Und so tanzen wir ungesehen im scheinbar verlassenen Krankenzimmer, bis die Musik verebbt und eine neue Reise ihren Anfang nimmt. Heide strahlt. Und doch spüre ich, wie mir eine Träne den Wangenknochen herunterläuft, als sie mir zum Abschied ein letztes Wort ins Ohr flüstert. Ein Wort, das ich niemals erwarte und das es in diesem Moment doch mühelos schafft, mein Herz zu berühren.

»Danke.«

Und ja, verdammt, ich habe ein Herz. Ich bin auch manchmal traurig oder ungeduldig, aber noch viel lieber bin ich fröhlich und lache gern. Der Volksmund sagt: Irren ist menschlich. Der Tod ist es aber auch. Mehr als es sich die meisten eingestehen wollen. Sterben hat einen verdammt negativen Ruf, und das wird sich wahrscheinlich auch nie ganz ändern. Aber ich werde weiter versuchen, dort ein Lachen zu zaubern, wo bisher

Angst und Schweigen herrschten. Mit Geschichten, die der Tod schreibt. Und irgendwie auch das Leben. Mein Leben.

Mein Leben als Tod.

Anhang

Vorsorge-Bogen

Danke, dass Sie sich ein paar Minuten Zeit für die Beantwortung der Fragen nehmen, damit wir Ihren Übergang später so angenehm wie möglich gestalten können.

1. Auf meiner Überführung sollte folgendes Getränk für mich bereit stehen:

O Vanilletee   O Tomatensaft

O stilles Wasser   O Feuerzangenbowle

O Eierlikör   O Cola Zero

O Alles, bloß kein Kölsch

2. Tunnel oder Seeweg? Wenn Tunnel, dann bitte kurz erläutern warum.

_____

_____

3. Diese drei Erinnerungen aus meinem Leben möchte ich auf jeden Fall mit auf die andere Seite nehmen:

I)

II)

III)

4. Jeder Reisegast hat Anspruch auf ein letztes Spiel mit dem Tod (z.B. Schach, Tischtennis, Kniffel). Ich hätte gern:

_____

5. Als Musik im Hintergrund wünsche ich mir dieses Stück:

   O die Moldau-Symphonie von Smetana
   O Last Chrismas (Wham)
   O Best Of Todis Blockflöte (Vol. 1-6)
   O Highway to hell (ACDC)
   O Freut euch des Lebens von Strauss
   O Gangnam-Style (Psy)

6. Über diese verstorbenen Seelen würde ich mich bei meiner Ankunft freuen (Verwandte, Freunde, Prominente):

_____

_____

_____

7. Als letzte Worte favorisiere ich aktuell:

   O Ups!
   O Klar trau ich mich das.
   O Dieses Schiff ist unsinkbar.
   O Und wenn es das Letzte ist was ich tue.
   O Mist, so was kann aber auch wieder nur mir passieren.
   O I believe I can fly

10 Dinge, die ich unbedingt noch tun will, bevor ich auf die andere Seite muss:

(Fangen Sie am besten heute schon an sie zu erledigen)

01)

02)

03)

04)

05)

06)

07)

08)

09)

10)

Freundschaftsbuch des Todes

Na so was. Hier ist doch tatsächlich noch eine letzte freie Seite in meinem Büchlein. Ergreifen Sie die Chance, und tragen Sie sich schnell ein.

Trau Dich und werde ein Freund des Todes.

Name:

Beruf:

Hobbys:

Was ich nicht mag:

Ich mag dich als Freund, weil:

Lebensmotto:

Was ich dir unbedingt noch sagen will:

Platz für Foto oder Zeichnung:

Spiele des kleinen Todes

Heute: **Stadt Land Schluss**

wird gespielt wie Stadt Land Fluss, nur mit folgenden Kategorien:

Todesursache,

Ort des Todes,

Getränk bei der Überführung,

Material des Grabsteins,

Letzte Worte

Ein Spieler sagt lautlos das Alphabet auf, ein anderer sagt irgendwann Stopp. Der erste Spieler sagt den Buchstaben laut, bei dem er gerade angelangt ist und alle Mitspieler müssen nun mit diesem Anfangsbuchstaben passende Worte zu den Kategorien aufschreiben. Wer es als Erstes schafft, zu jeder Kategorie ein Wort mit dem entsprechenden Anfangsbuchstaben zu finden, sagt wieder laut Stopp und alle legen ihre Stifte beiseite. Dann wird der Reihe nach vorgelesen. Hat ein Spieler ein Wort gefunden, dass kein anderer Spieler auf seinem Zettel stehen hat, bekommt er dafür 10 Punkte, bei einer Dopplung bekommen alle Spieler mit diesem Wort zumindest noch 5 Punkte. Gewonnen hat der Spieler mit den meisten Punkten nach 666 Partien (sagt Lucifa).

Beispiele:

A-Z	Todes-ursache	Ort des Todes	Getränk bei der Überführung	Material des Grabsteins	Letzte Worte	Pkt
Z	Zebratritt	Zoo	Zombie (Cocktail)	Zink	Zieh ich dem blöden Streifenpferd doch mal am Schwanz.	50
B	Bananen-Allergie	Bushaltestelle	Brause	–	Blöd, ich dachte, das wär ne gelbe Gurke.	40